21세기
슬기로운
생활한자

안영훈 · 구봉곤 · 임보연 저

보고사
BOGOSA

슬기로운 한자 생활을 위하여

이 책은 대학(大學)에서 한자(漢字)를 학습(學習)하거나 교육(教育)하는 이들을 위해 마련한 것이다. 이미 많은 한자 학습서가 세상에 나와 있지만 실제 강의(講義) 현장(現場)과 대학 생활(生活)에서 사용하기에 적합한 교재(教材)는 많아 보이지 않는다. 한자 낱글자를 익히는 데 목표를 둔 사전식이나 나열식 구성의 책들은 한자능력검정시험 등을 위한 수험서로는 유용할지 모르겠으나 대학의 수업 진행과는 걸맞지 않은 면이 있다. 또 고전(古典) 명문(名文)을 발췌하여 제시하고 자구(字句)를 풀이하는 방식의 책은 한문(漢文)의 멋을 느끼게는 하지만 요즘 세대의 생활 감각과 거리가 있고 난해한 점이 많다.

그래서 최근에는 생활 속 주제(主題) 또는 분야별(分野別) 예시문(例示文)과 더불어 한자를 학습하게 하는 '생활 한자'라는 이름의 책자가 출간되고 있다. 우리가 펴내는 이 책도 세상의 변화에 맞추어 '생활 한자'라는 이름을 달고 대학의 수요자들과 만나고자 한다. 다만 기존의 책들과는 달리 '21세기 슬기로운~'이라는 수식을 붙였는데 급변하는 세상을 보다 지혜롭게 반영하려는 뜻에서이다. 21세기도 4반세기 가까이 지나고 있는 지금의 세계는 모든 분야가 광속(光速)의 변화를 겪고 있다. 그에 따라 지식정보(知識情報)의 처리 방식도 크게 변하고 있다. 디지털 시대 데이터의 무한(無限) 축적(蓄積)과 공유(共有)로 인하여 한 개인이나 한 책자가 해당 분야 지식 전부를 다루기가 어렵고 그럴 필요도 없게 되었다. 웬만한 것은 온라인 검색으로 활용하니 중요한 것은 양이나 속도가 아닌 선택(選擇)과 방향(方向)의 문제가 되었다.

이 책에서는 대학 학습자의 생활과 밀접한 분야에서 최신의 주제와 예시문을 가려뽑고, 일상 의사소통과 학문의 기본이 되는 한자어를 중심으로 설명을 해나가는 방식을 취하였다. 학습자인 '나'로부터 출발하여 주변 세계로 관심과 대상을 확장하는 방향으로, 상호 연결되는 5개의 장(Chapter)을 두고 그 아래 15개 주제로 구성하였다. 대학 수업이 통상 15주로 진행되므로 총 15강으로 맞춘 것이다. 본문의 각 강은 〈주제 도입글 – 예시문/해설 – 기초 학습(한자어)/해설 – 심화 학습(한자어) – 주제 관련 한자성어 – 간단한 한자 상식(TIP) – 한자 지명 사례 – 연습 문제〉로 구성하였다. 실제 수업 시간을 고려해서 많은 내용을 담기보다는 간결한 구성과 간결한 해설을 지향하였다. 그래서 이 책은 독학이나 자습용의 참고서보다는 실제 수업에 참여하는 이들에게 마치 연극 대본처럼 자유롭게 연출되고 활용되기를 기대한다.

　이 책의 기획은 2018년 봄에 시작되었다. 대학에서 사제(師弟)의 인연(因緣)을 맺은 세 사람은 같은 분야를 공부하고 가르치면서 느끼는 필요성에 공감하여 근 2년간을 정기적으로 만나서 자료를 모으고 의견을 교환하였다. 초고(草稿)가 윤곽을 드러낼 즈음인 2020년 봄 초유(初有)의 코로나 사태가 발발하였다. 대면은 물론 모든 일상이 정지된 듯한 시간을 살면서 우리의 작업도 속절없이 중단되었다. 그리고 다시 2년 가까운 시간이 흘렀다. 2021년 10월 현재, 다음 달부터는 단계적 일상 회복으로 방역체계를 전환한다는 정부의 발표를 접하면서, 전환의 시대에 우리도 묵혀두었던 원고를 세상과 대면시키기로 하였다. 다시 보니 소략하고 부족한 점도 눈에 띄지만 당초의 취지를 살리는 뜻에서 간행을 감행하기로 하였다. 이 책은 '생활 한자'를 표방하는 만큼 앞으로도 생활의 변화를 따라 계속 개정판을 낼 것을 다짐한다. 대학에서 한자를 학습하는 이들에게 이 책이 조금이나마 흥미를 불러일으킬 수 있다면 더 바람이 없을 것이다. 끝으로, 늘 어려운 여건에서도 묵묵히 학술 출판의 외길을 걸으며 출판문화 진흥을 선도하는 보고사 김흥국 대표님과 편집 담당자 이경민 님께 심심한 사의(謝意)를 표한다.

2021년 시월 하늘 높고 맑은 날
21세기 슬기로운 생활한자 저자 대표 안영훈 씀

차례

Chapter 1

나와 내가
사랑하는 사람들

Chapter 1

제1강 '나'는 누구인가?

나는 누구인가? 나를 무엇이라고 정의할 수 있을까? 내가 나인 것을 어떻게 확인할 수 있을까? 흔히 우리는 이에 대한 대답을 일컬어 정체성이라고 한다. 끊임없이 흘러가는 시간 속에서 '나'의 정체성은 규정할 수 있는 것인가? 과거의 나와 현재의 나, 그리고 미래의 나는 동일한 모습일까? 현재 대학생으로서 '나'는 어떤 모습일까? 우리 세대들을 표현하는 다양한 단어들이 있다. 그 중 젊은 세대를 표현하는 단어 중 하나인 '나'세대에 관한 글을 살펴보자.

오늘의 젊은 世代는 '나(Na)'를 强調하는 세대이다. 이들은 自由奔放하고 틀에 얽매이지 않으며 個性이 강하다. 이들은 남보다는 나에 대해 集中하며, 自身을 드러내는 데에도 익숙하고 積極的이다. 자신의 人生을 보다 자유롭게 營爲하기 위하여 이들은 자신을 위해 적극적으로 投資한다. '나'세대는 이전의 세대에 비해 政治的 關心度가 낮은데, 그 理由로 他人에 대한 關心보다는 자신의 問題에 더 민감한 個人主義的 特性과 인터넷 세대로서 정치 外的인 部分에 더욱 관심이 많다는 점 등을 들 수 있다.

'나'세대의 개인주의적 특성은 이 세대를 '廢人'세대라고 부르는 데에서 잘 드러난다. 이때 '폐인'이란 特定 事案에만 沒入하는 사람을 뜻한다. 여러 種類의 폐인 중에서 오늘의 젊은 세대에게 가장 많이 나타나는 것은 인터넷 폐인이다. (중략)

個人을 중시하는 '나'세대는 '개인의 力量 키우기'에도 적극적이다. 이들은 젊은 覇氣와 熱情을 多樣한 分野에 쏟으며, 自己啓發에 적극적인 態度를 취한다. 또한 自己 자신의 健康뿐만 아니라 아름다운 얼굴과 몸매를 위해서도 時間과 돈을 아낌없이 투자한다. (중략)

'나'세대는 온라인으로 因緣을 맺고 意思疏通을 展開한다. "나는 接續한다, 고로 存在한다."라는 말에서 알 수 있듯이 이들은 인터넷을 통해 일하고, 對話하고, 놀고, 사랑한다. 그리고 '나'세대는 오프라인에서 맺은 인연만큼이나 온라인에서 맺은 '넷Net연'도 重要하게 생각한다. 온라인을 통한 넷연은 의사소통이 效率的이며 旣存의 學緣과 地緣을 뛰어넘는다는 長點을 가지고 있다. 그리고 네트워크에서의 凝集力과 問題解決 能力도 뛰어나 이슈가

터졌을 때마다 인터넷을 媒介로 한 네트워킹으로 實時間에 자신들이 共感帶를 만들어내며,
자신의 見解를 果敢하게 表出한다. (중략)

脫理念의 性格을 강하게 지닌 '나'세대는 實用的이며 實利的이다. (중략) '나'세대는 世界
化에 대해 開放的이며, 새롭고 다양한 文化에 대한 受容 能力도 상당히 높은 편이다. (중략)

정성호, 『20대의 정체성』, 살림, 2006.

위 예시문은 '나'를 중요하게 생각하는 요즘 세대들에 대한 생각을 담은 글이다. 이 글을
읽으면서 어떤 생각이 드는가? 나의 모습과도 많이 닮아있는가? 인간의 정체성이라는 것은
고정불변하는 성질이 아니라, 현재진행형이다. 10대의 나와 20대의 나, 그리고 30대의 나는
모두 완전히 같을 수는 없을 것이다. 그리고 어제의 나와 오늘의 나, 그리고 내일의 나 역시
달라질 수 있다. 위의 글을 읽으며 스스로 '나'에 집중하고 몰입하는 시간을 가져봐도 좋을
듯 하다. 이 장에서는 위 예시문을 통해 '나'와 관련된 한자어들을 살펴보도록 하자.

• 기초 학습

1. 제 몸. 다른 어떤 것도 아니고 스스로임을 강조할 때 쓰는 말.

[스스로 **자**, 몸 **신**]

2. 일정한 사물에만 있는 특수한 성질.

[특별할 **특**, 성품 **성**]

3. 전체를 이루는 작은 범위. 또는 전체를 몇 개로 나눈 것의 하나.

[때 **부**, 나눌 **분**]

4. 깊이 파고들거나 빠짐.

[빠져들 **몰**, 들어갈 **입**]

5. 국가나 사회에 대하여 이를 구성하는 하나의 사람. 각자.

[낱 **개**, 사람 **인**]

6. 어떤 일에 열렬한 애정을 가지고 열중하는 마음.

[더울 **열**, 뜻 **정**]

7. 잠재되어있는 자신의 슬기나 재능, 사상 따위를 일깨워 줌.

[스스로 **자**, 몸 **기**, 열 **계**, 필 **발**]

8. 현실에 실제로 있음. 또는 그런 대상.

[있을 **존**, 있을 **재**]

9. 어떤 사물이나 현상에 대한 자기의 의견이나 생각.

[볼 **견**, 풀 **해**]

10. 개인이 가지고 있는 고유의 성질이나 품성. 어떤 사물이나 현상의 본질이나 본성.

[성품 **성**, 바로잡을 **격**]

'나'를 가리키는 한자에는 自, 我, 吾, 子, 己 등 여러 글자가 있다. 이 중 위의 예시문에 등장하는 단어 중에 自由奔放, 自身, 自己啓發, 自己 등은 모두 '自'자를 포함하고 있다. '自'는 '스스로'를 기본 뜻으로, '몸소, 자기, 저절로, 자연히, ~서부터, 써, 진실로, 본연, 처음, 시초, 출처' 등의 다양한 뜻을 내포하고 있다.

'自'가 스스로라는 뜻을 갖게 된 데에는 글자가 만들어진 원리를 알면 쉽게 알 수 있다. 이 글자는 상형(象形) 문자이다. 상형문자란 사물의 형상을 본떠서 낱말의 뜻을 나타내는 것을 말하는데, '自'는 사람의 코의 모양을 본뜬 글자이다. 사람은 자신을 가리킬 때 손가락으로 코를 가리켜서 나타냄으로 '스스로'란 뜻을 갖게 되었다. 하지만 나중에 코의 뜻을 나타내는 鼻(비)자가 생기면서, 自(스스로 자)에서는 코의 뜻이 사라졌다.

'己'도 구불거리는 긴 끈의 모양을 본뜬 글자로, 상형문자인데, 지사문자로 보는 견해도 있다. 굽은 것을 바로잡는 모양에서 파생되어 '일으키다'의 뜻을 지니게 되었으나, 나중에 '일으키다'의 의미는 起(기)로 쓰게 되었다. 己(기)는 천간(天干)에서는 여섯 번째에 해당한다.

나에 대한 정체성을 이야기하려면, 特性에 대한 이해가 필요하다. 특성이란, 일정한 사물에만 있는 특수한 성질을 의미한다. 特은 '특별하다'의 의미이고, 性은 성품이라는 뜻이다. 特(특)은 옛날 관청(寺)에서 중대한 일을 결정할 때는 보통(普通) 것보다 크고 힘센 소(牛)를 신의 제단에 바쳤는데 그런 특별한 소라는 데서 '특별하다'는 것을 뜻한다. 性(성)은 뜻을 나타내는 심방변부(忄=心)와 음(音)을 나타내는 生(생: 풀이나 나무의 싹틈, 타고난 모양→성)으로 이루어진 글자이다. 사람이 하늘로부터 부여받은 마음을 합하여 '성품'을 뜻한다. 사람이 타고난 마음의 경향을 일컫는 글자이다.

우리가 스스로에게 물음을 던진다는 것은 自身에 대한 성찰을 한다는 의미이다. 자신에 대한 물음을 하다보면, 自由奔放한 자신의 모습을 확인하기도 하고 보수적인 자신의 모습을 확인하기도 할 것이다. 자신의 個性이나 性格에 대해 생각해보는 시간이 될 수도 있겠다.

그러면서 自己啓發의 필요성을 느낄 수도 있다. 자신에 대한 생각을 하는 과정 중에서 스스로 熱情을 쏟을 수 있고, 沒入할 수 있는 무언가가 있다는 것을 알게 된다면 매우 기쁠 것이다. 요즘처럼 주어진 일을 해내기에도 바쁜 세상에서 스스로 심취할 수 있고, 빠져들 수 있는 대상이 있다는 것은 행운이자 행복이기도 하다.

우리는 타인과 더불어 살아가는 存在이면서도, 한 명의 個人이기도 하다. 더 나은 삶을 위해서, 더 멋진 공존하는 삶을 위해서 우리는 자신의 見解를 분명히 말할 수 있는 존재가 되어야 한다.

••심화 학습

나는 어떤 사람인가? 정체성이라는 것은, 곧 나의 성향과 특징을 표현하는 것이기도 하다. 이를 표현할 수 있는 한자어 몇 개를 좀 더 살펴보도록 하자.

1. 태도나 생각 따위가 거리낌 없고 열려 있는, 또는 그런 것.

2. 새로운 것이나 변화를 반대하고 전통적인 것을 옹호하며 유지하려는 것.

3. 스스로 앞으로 나아가거나 상황을 개선하려는 기백이 부족하고 비활동적인, 또는 그런 것.

消 極 的

4. 대상에 대한 태도가 긍정적이고 능동적인 것.

積 極 的

☐ ☐ ☐

5. 들인 노력에 비하여 얻는 결과가 큰 것.

效 率 的

☐ ☐ ☐

6. 실제로 쓰기에 알맞은 것.

實 用 的

☐ ☐ ☐

7. 적극적으로 나아가 일을 이룩하는 것.

進 取 的

☐ ☐ ☐

8. 여러 사람과 쉽게 잘 사귀는 것.

社 交 的

☐ ☐ ☐

9. 감성을 위주로 하거나 감성에 관한 것, 감성이 예민하여 자극을 잘 받는 것.

感 性 的

☐ ☐ ☐

10. 이성에 따르거나 이성에 근거한 것.

理 性 的
☐ ☐ ☐

◉ **주제 관련 한자성어**

知彼知己 지피지기 [알 **지**, 저 **피**, 알 **지**, 몸 **기**]
적의 사정과 나의 사정을 자세히 앎.

自暴自棄 자포자기 [스스로 **자**, 사나울 **포**, 스스로 **자**, 버릴 **기**]
절망에 빠져 자신을 스스로 포기하고 돌아보지 아니함.

自繩自縛 자승자박 [스스로 **자**, 노끈 **승**, 스스로 **자**, 얽을 **박**]
자기의 줄로 자기 몸을 옭아 묶는다는 뜻으로, 자기가 한 말과 행동에 자기 자신이 옭혀
곤란하게 됨을 비유적으로 이르는 말. ≒ 自業自得

自強不息 자강불식 [스스로 **자**, 강할 **강**, 아닐 **불**, 쉴 **식**]
스스로 힘써 몸과 마음을 가다듬어 쉬지 아니함.

自激之心 자격지심 [스스로 **자**, 격할 **격**, 갈 **지**, 마음 **심**]
자기가 한 일에 대하여 스스로 미흡하게 여기는 마음.

◉ **알고보면 쓸모있는 한자 상식(TIP)**

내가 누구인지 아는 것이 슬기로운 생활의 출발이라면 한자 공부의 시작은 한자의 由來를
아는 것에서부터 출발한다. 한자는 언제 누가 만들었을까? 한자의 유래에 관해서는 흥미로
운 설이 하나 있다. 중국 고대의 전설적인 제왕인 黃帝의 신하인 蒼頡(창힐)이라는 사람이
관찰력이 대단해서 새나 짐승의 발자국 모양을 보고 모방해서 만들었다는 것이다. 이것은
말 그대로 전설일 뿐인데 한자의 출발이 사물의 모양을 본뜨는 데서 출발했다는 것은 일리가
있다. 실제로 한자의 형성 원리는 六書라고 하여 여섯 가지 방식으로 만들어진다. 그 중 첫

번째가 바로 象形인데 日, 月, 山, 木, 人, 子, 目, 耳, 馬, 鳥, 魚 등이 이에 해당한다. 두 번째는 指事라고 해서 눈에 보이지 않는 사물을 가리킨다는 뜻이다. 一, 二, 三 같은 숫자와 上, 下 등이 해당된다. 상형과 지사의 방식은 한자가 만들어진 가장 기본 방식에 속한다.

⊙ 사방팔방 한자 세상 – 자유로

우리의 일상 생활 속에서 조금만 주의를 기울여보면 한자어로 이루어진 地名들이 많다. 고유한 우리말로 된 땅이름을 잘 알고 소중히 가꾸어가는 일은 당연하다. 그렇지만 여기서는 한자 학습의 흥미를 돋우는 차원에서 이미 학습한 주제와 관련된 한자로 이루어진 우리 국토의 지명을 찾아보고 그 뜻을 함께 음미해보도록 한다.

첫 번째는 '나'를 가리키는 한자 '自'가 포함된 자유로. 한자로는 自由路라고 쓴다. '경기도 고양시 행주대교 북단에서 파주시 문산읍 자유의 다리에 이르는 고속화도로'이다. '自由'라는 한자 뜻을 안다면 이 도로에서는 어쩐지 자유를 만끽할 것 같은 기분이 들지 않을까.

···연습 문제

*다음 한자의 훈과 음을 쓰시오.

1. 自 : _____

2. 性 : _____

3. 己 : _____

4. 存 : _____

*다음의 훈과 음에 맞는 한자를 쓰시오.

1. 나아갈 진 : _____

2. 느낄 감　 : _____

3. 뜻 정　　 : _____

4. 특별할 특 : _____

5. 풀 해　　 : _____

6. 다스릴 이 : _____

* 다음 단어를 한자로 쓰시오.

1. 자신 : _____

2. 열정 : _____

3. 견해 : _____

4. 부분 : _____

* 다음 한자어의 독음을 쓰시오.

1. 個人　 : _____

2. 性格　 : _____

3. 保守的 : _____

4. 沒入　 : _____

5. 實用的 : _____

6. 自己啓發　: _____

* 다음 한자성어의 독음과 뜻을 쓰시오.

自繩自縛 _____

* 우리가 많이 사용하는 격언에 'ㅇㅇㅇㅇ면 백전백승이다.'라는 말이 있다.
여기에 들어갈 한자성어를 써보시오.

_____

| 기초 학습과 심화 학습 확인하기 |

기초 학습	심화 학습
1. 自身	1. 열 개, 놓을 방, 과녁 적
2. 特性	2. 지킬 보, 지킬 수, 과녁 적
3. 部分	3. 사라질 소, 다할 극, 과녁 적
4. 沒入	4. 쌓을 적, 다할 극, 과녁 적
5. 個人	5. 본받을 효, 비율 율, 과녁 적
6. 熱情	6. 열매 실, 쓸 용, 과녁 적
7. 自己啓發	7. 나아갈 진, 취할 취, 과녁 적
8. 存在	8. 제사 사, 사귈 교, 과녁적
9. 見解	9. 느낄 감, 성품 성, 과녁 적
10. 性格	10. 다스릴 이, 성품 성, 과녁 적

제2강 가족

내가 태어나서 처음 만나는 사회, 바로 가족이다. 엄마와 아빠, 그리고 형제·자매들 ... 가장 가까운 존재들인데 때로는 너무 가깝기 때문에 더 멀게 되는 경우도 발생하곤 한다. 지금 우리 사회 가족의 모습은 옛날과는 많이 다르다. 교과서에서 대가족에서 핵가족으로 가족의 형태가 바뀌었다고 이야기하는 것도 이제 옛날 말이 되고 있다. 현재의 가족은 너무나 다양한 형태로 존재하고 있고, 다양한 형태 속에서 다양한 색깔을 빛내고 있기 때문이다. 아래의 글을 통해 현 사회에서 가족이란 무엇인지에 대해 생각해보자.

"家族! 그것은 우리로 하여금 病을 같이 앓게 하고, 같은 齒藥을 쓰게 하며, 디저트를 더 먹겠다고 다투게 하고, 서로의 샴푸를 몰래 훔쳐 쓰게 하며 돈도 빌려주고, 아픔을 주기도 하면서, 또 그 아픔을 달래주기도 하는, 울고 웃으며 사랑하게 만드는 작고 神祕로운 끈이다. … 各自의 房門을 잠그고 살다가도, 어려운 苦痛에선, 모두가 힘을 합쳐 서로를 지켜주는, 그런 특별한 삶을 살아가게 하는, 우리를 하나로 묶어주는 보이지 않는 끈, 그것이 가족이다."(에마 봄베크, 2007). 에마 봄베크의 시에 나오는 가족의 모습은 日常의 小小한 風景이 손에 잡힐 듯 淡淡하게 묻어나오면서도, 關係性의 欲求를 充足시키기 위해 人類가 考案해 낸 制度로서의 眞情性을 느끼게 해 준다. …

일상적 삶을 構成하는 가족은 우리에게 매우 親近하고 익숙하게 여겨지는 것이 事實이다. … 우리로 하여금 가족을 必然的인 現象이자 자연스러운 제도로 認識하게끔 誘導하기도 한다. 우리의 삶과 密着되어있기에 오히려 모습을 제대로 드러내지 않는 것이 가족인 셈이다. …

확실히 가족은 "신비화(mystified)"된 社會制度임이 분명하다. 神聖한 제도로서의 가족은 우리들로 하여금 道德的·倫理的 行爲樣式의 貯藏庫라는 느낌을 불러일으킴으로써 가족에 대해 乾燥하면서도 客觀的 認識을 堅持함을 源泉的으로 封鎖하고 있는 것이 事實이다. 가족을 準據로 한 價値에 따라 人間 存在의 意味와 社會秩序를 理解하며, 그 이해를 바탕으로 바람직한 行動規範 및 삶의 指向點을 摸索하는 이른바 "家族主義 世界觀"을 지닌 韓國社會의 경우는 가족의 신성성이 그 어느 사회보다 強力하게 作動하리라 推測된다. …

　이처럼 다양한 신화에 둘러싸여 있는 가족은 그 實體를 探索해 들어가려는 순간 우리의 손아귀에서 미끄러져 나가고 마는 多面的 構成物이기에, 가족이란 실체에 솔직하게 直面하려는 態度를 견지해야 할 것이다.

함인희, 「가족사회학 연구의 흐름과 쟁점」, 『가족과 친밀성의 사회학』, 다산출판사, 2016.

　위 예시문을 통해 현재 우리 사회에서 가족의 모습 또한 의미가 많이 달라졌다는 것을 알 수 있다. "일상적 삶"을 구성하는 가족이기에 "친근"하고 "익숙"해서 평소에는 그 울타리를 잘 느끼지 못할 때도 있는 듯하다. "우리를 하나로 묶어주는 보이지 않는 끈"이라는 말을 통해 가족에 대해 다시 생각해보게 된다. 전통 사회에서 현대 사회로 시간이 흐르면서 가족이라는 제도에도 변화가 생겼다. 위 글을 통해 가족이라는 집단이 지닌 특징이나 변화된 요소에 대해 생각해볼 수 있다. 이와 관련해 예시문에 표현된 한자들을 익혀보자.

• 기초 학습

1. 주로 부부를 중심으로 한, 친족 관계에 있는 사람들의 집단. 또는 그 구성원. 혼인, 혈연, 입양 등으로 이루어진다.

[집 **가**, 겨레 **족**]

2. 날마다 반복되는 생활.

[날 **일**, 떳떳할/항상 **상**]

3. 둘 이상의 사람, 사물, 현상 따위가 서로 관련을 맺거나 관련이 있음. 또는 그런 관련.

[ ][ ]

[관계할 **관**, 맺을 **계**]

4. 제정된 법규, 나라의 법칙, 국가·사회·구조의 체제.

[ ][ ]

[절제할/지을 **제**, 법도 **도**]

5. 여러 부분이나 요소들을 모아서 일정한 전체를 짜 이룸.

[ ][ ]

[얽을 **구**, 이룰 **성**]

6. 친하고 가까움.

[ ][ ]

[친할 **친**, 가까울 **근**]

7. 그럴 수밖에 다른 도리가 없음.

[ ][ ]

[반드시 **필**, 그럴 **연**]

8. 빈틈없이 단단히 달라붙음.

[ ][ ]

[빽빽할 **밀**, 붙을 **착**]

9. 같은 무리끼리 모여 이루는 집단.

[모일 **사**, 모일 **회**]

10. 사리를 분별하여 해석함. 깨달아 앎. 또는 잘 알아서 받아들임.

[다스릴 **이**, 풀 **해**]

　　이번 강에서 가장 기본이 되는 단어인 '家族'에 대해 살펴보도록 하자. 가족이란, 내가 태어나서 가정 먼저 만나는 사회 집단이다. 세상에 인간이라는 존재로 태어나 부모 그리고 형제와 관계를 맺으면서 세상을 살아간다.

　　家(집 가)는 '집'이라는 뜻이다. 집 안(宀: 갓머리)에서 돼지(豕)를 기른다는 뜻을 지닌다. 과거에 집에서 돼지를 기르는 경우가 많았기 때문에 생겨난 문자이다. 族(겨레 족)은 전쟁이 나면 한 깃발(矢이외의 글자) 아래 같은 핏줄의 무리가 활(矢)을 들고 싸운다는 뜻으로, 겨레ㆍ민족을 뜻한다.

　　가족이란 인간이 각자로서가 아닌, 삶의 구성원으로서 존재하는 제도이자 집단이다. 가족이라는 울타리는 우리에게 밀착되어있으며 필연적인 현상인 것이다.

　　그 다음으로 '친근(親近)'이라는 한자어의 '親'이라는 글자를 살펴보자. 이 글자는 뜻을 나타내는 '見(볼 견)'과 음을 나타내는 '亲(친: 많은 나무가 포개어 놓여 있다는 의미)'이 합하여 이루어졌다. 나무처럼 많은 자식(子息)들을 부모가 보살핀다(見)는 뜻이 합하여 '친하다'를 의미를 갖게 되었다.

••심화 학습

　　위 예시문에서는 사회 속에서의 '가족의 모습'에 초점을 맞추고 있기에, 가족이라는 모습

자체를 표현하는 글자들을 익히기에는 부족했다. 따라서 가족이라는 집단과 유사한 제도의 한자어 및 가족을 구성하는 구성원들과 관련된 한자어를 익혀보도록 하자.

1. 한 집에서 살면서 끼니를 같이 하는 사람, 한 조직에 속하여 함께 일하는 사람을 비유적으로 이르는 말.

2. 촌수가 가까운 일가.

3. 친족과 외척을 아울러 이르는 말, 성이 다른 일가. 고종, 내종, 외종, 이종 따위를 이른다.

4. 남녀가 정식으로 부부 관계를 맺음.

5. 아이를 낳음.

6. 아버지와 어머니를 아울러 이르는 말.

7. 형과 아우를 아울러 이르는 말.

8. 여자끼리의 동기(同氣). 언니와 여동생 사이를 이른다.

9. 남편과 아내를 아울러 이르는 말.

10. 같은 핏줄로 연결된 인연.

⊙ 주제 관련 한자성어

一家和親 일가화친 [한 **일**. 집 **가**. 화할 **화**. 친할 **친**]
가족이나 친척들이 사이좋게 지냄.

家書萬金 가서만금 [집 **가**. 글 **서**. 일만 **만**. 쇠 **금**]
타국이나 타향에 살 때는 가족의 편지가 더없이 반갑고, 그 소식의 값이 황금 만 냥보다 더 소중하다는 말. 당나라 杜甫의 시 〈春望〉의 구절에서 나온 '가서저만금(家書抵萬金)'의 준말.

數口之家 수구지가 [셈 **수**. 입 **구**. 갈 **지**. 집 **가**]
식구가 몇 안 되는 집안.

家家戶戶 가가호호 [집 **가**. 집 **가**. 집 **호**. 집 **호**]
각 집. 집집 마다. 모든 집.

一家親戚 일가친척 [한 **일**. 집 **가**. 친할 **친**. 친척 **척**]
동성과 이성의 모든 겨레붙이.

⊙ 알고보면 쓸모있는 한자 상식(TIP)

인간도 모여살고 家族이 필요하듯, 한자도 기본적인 형성 방식인 상형과 지사로는 많은 사물을 나타내는 데 한계가 있어서 食口를 늘리는 방법을 찾았다. 그래서 등장한 것이 六書의 세 번째와 네 번째에 해당하는 會意와 形聲이다. 둘다 기존에 있는 한자들을 결합시켜서 새로운 글자를 만드는 방식이다. 회의는 기존 글자들을 뭉쳐서 새로운 뜻의 글자를 만든 것으로, 해와 달이 결합해서 밝다는 뜻의 글자를 만들고(日+月=明), 사람과 나무를 결합시켜서 사람이 나무 그늘에 쉰다는 글자를 만드는 것(人+木=休)이다. 형성은 합체된 글자의 한쪽은 뜻, 다른 한쪽은 소리를 나타내는 방식인데, 상형, 지사, 회의로 이루어진 글자를 제외하고 거의 대부분의 한자가 이 방식으로 만들어졌다.

⊙ 사방팔방 한자 세상 – 미아동

가족은 함께 있을 때가 행복하다. 가족 중 누군가를 잃어버린다는 것은 상상만 해도 매우 슬픈 일이다. 더욱 어린아이를 잃어버린다면 온 가족이 얼마나 애가 타고 슬플 것인가. 그런데 동네 이름이 미아동이 있다. 이 미아는 혹시 그 迷兒일까? 다행히도 정답은 彌阿이다!

미아동은 서울시 강북구에 위치하고 있는 동네 이름이다. 迷兒, 길 잃어버린 아이가 많은 동네라서 미아동인 것은 아니다. 불당곡(佛堂谷)에 불교 사찰 미아사(彌阿寺)가 있던 데서 유래되었다고 한다. 이 절이 있는 곳의 동네라는 뜻에서 붙여진 이름이 '미아동'이다. 즉, '미아사 부근의 마을'이란 뜻이다.

···연습 문제

* 다음 한자의 훈과 음을 쓰시오.

1. 家 : _____

2. 會 : _____

3. 族 : _____

4. 日 : _____

* 다음의 훈과 음에 맞는 한자로 쓰시오.

1. 항상 상 : _____

2. 친할 친 : _____

3. 모일 사 : _____

4. 관계할 관 : _____

5. 아버지 부 : _____

6. 어머니 모 : _____

＊다음 단어를 한자로 쓰시오.

  1. 식구 : _____

  2. 형제 : _____

  3. 부부 : _____

  4. 결혼 : _____

＊다음 한자어의 독음을 쓰시오.

  1. 親戚 : _____

  2. 必然 : _____

  3. 構成 : _____

  4. 制度 : _____

  5. 血緣 : _____

  6. 姉妹 : _____

＊다음 한자성어의 독음과 뜻을 쓰시오.

  家家戶戶   _____

＊'타국이나 타향에 살 때는 가족의 편지가 더없이 반갑고, 그 소식의 값이 황금 만 냥 보다 더 소중하다'는 뜻을 가진 한자성어를 쓰시오.

  _____

| 기초 학습과 심화 학습 확인하기 |

기초 학습	심화 학습
1. 家族	1. 먹을 식, 입 구
2. 日常	2. 친할 친, 겨레 족
3. 關係	3. 친할 친, 친척 척
4. 制度	4. 맺을 결, 혼인할 혼
5. 構成	5. 날 출, 낳을 산
6. 親近	6. 아버지 부, 어머니 모
7. 必然	7. 형 형, 아우 제
8. 密着	8. 손윗 누이 자, 누이 매
9. 社會	9. 남편 부, 며느리 부
10. 理解	10. 피 혈, 인연 연

제3강 사랑과 우정

인간은 무수한 감정을 느끼며 살아간다. 우리가 느끼는 여러 감정 중에 사랑은 우정까지도 포함하고 있다. 그래서 우리는 간혹 사랑과 우정 사이에서 혼란을 느끼기도 한다. 인간의 욕망의 한 단면이기도 한 사랑. 다음의 글을 통해서 사랑과 우정에 대해 생각해보고, 이와 관련된 한자어들도 함께 익혀보자.

머리를 쓸어 올리는 너의 모습
時間은 조금씩 우리를 갈라놓는데
어디서부턴지 무엇 때문인지
작은 너의 손을 잡기도 난 두려워

어차피 헤어짐을 아는 나에겐
우리의 만남이 짧아도 未練은 없네
누구도 널 代身할 순 없지만
아닌건 아닌걸 미련일 뿐

멈추고 싶던 瞬間들 幸福한 記憶
그 무엇과도 바꿀 수가 없던 너를
이젠 나의 눈물과 바꿔야하나
숨겨온 너의 眞心을 알게 됐으니

사랑보다 먼 友情보다는 가까운
날 보는 너의 그 마음을 이젠 떠나리
내 자신보다 이 世上 그 누구보다
널 아끼던 내가 미워지네

......

戀人도 아닌 그렇게 親舊도 아닌
어색한 사이가 싫어져 나는 떠나리
偶然보다도 짧았던 우리의 因緣
그 안에서 나는 널 떠나네

......

피노키오, 〈사랑과 우정사이〉

위의 노래는 1992년도에 발매되었던 피노키오의 앨범 1집에 수록되었던 노래이다. 15년도 더 전에 나왔던 노래이니, 구식으로 들릴지도 모르겠다. 하지만 오래된 음악들 중에는 시간이 흘러도 여전히 많은 사람들에게 사랑을 받는 명곡이 있다. 이 노래는 2000년대 이후로도 SG워너비, 박혜경, 장미여관 등 여러 가수들이 리메이크를 할 정도로 여전히 사랑 받고 있다. 요즘 세대들이 이야기하는 '썸'의 감정을 90년대 감정으로 표현한다면 이와 같지 않을까? 인간이 느낄 수 있는 감정과 관련된 한자어들을 공부해도록 하자.

• 기초 학습

1. 친구 사이의 정.

[벗 **우**, 정 **정**]

2. 서로 연애하는 관계에 있는 두 사람 또는 몹시 그리며 사랑하는 사람.

[사모할 **련(연)**, 사람 **인**]

3. 가깝게 오래 사귄 사람.

[친할 **친**, 옛 **구**]

4. 사람들 사이에 맺어지는 관계.

[인할 **인**, 인연 **연**]

5. 아무런 인과 관계가 없이 뜻하지 아니하게 일어난 일.

[짝 **우**, 그러할 **연**]

6. 복된 좋은 운수, 생활에서 충분한 만족과 기쁨을 느끼어 흐뭇함.

[다행 **행**, 복 **복**]

7. 거짓이 없는 참된 마음.

[참 **진**, 마음 **심**]

8. 이전의 인상이나 경험을 의식 속에 간직하거나 도로 생각해 냄.

[기록할 **기**, 생각할 **억**]

9. 깨끗이 잊지 못하고 끌리는 데가 남아 있는 마음.

[아닐 **미**, 익힐 **련**]

10. 어떤 시각에서 어떤 시각까지의 사이.

[때 **시**, 사이 **간**]

인간이 느낄 수 있는 다양한 감정이 있는데, 그 중 '사랑[愛]'은 보편적 감정이다. 사랑을 하는 '대상'이 누구냐에 따라, 명칭도 우정, 효도, 존경 등 다르게 표현될 수 있다. 위에서 감정과 관련된 글자 중에 '愛, 情, 戀'에 살펴보도록 하자.

'愛'는 천천히 걷다라는 뜻의 夊(쇠)와 기운을 뜻하는 气(기)가 합해진 한자이다. 夊를 뺀 부분이 음을 나타내는 글자이며(가슴이 가득차다→남을 사랑하다→소중히 하다→아끼다), 좋아하는 마음에 다가설까말까 망설이는 마음을 나타내는 뜻을 나타내는 夊가 더해져서 '사랑'을 의미한다.

'情'은 음을 나타내는 靑(청→정)과 마음(心) 속의 따뜻한 감정이라는 뜻이 더해진 글자이다. 情은 순수한 타고난 성질대로의 사람의 마음이다. 靑은 生에서 생겨났다. 원래 情도 性과 같은 글자였으나, 나중에 타고난 성질쪽을 性, 밖으로부터 자극을 받아 일어나는 마음의 움직임, 욕심에 연결되는 감정을 情이라 하여 구별하게 되었다.

'戀'은 恋(련)의 본자(本字)이다. 뜻을 나타내는 心과 음을 나타내는 동시에 끌리다는 뜻을 나타내는 글자 絲(련)으로 이루어진 글자이다. 마음이 끌리다, 사랑하여 그리워한다는 뜻이다.

누군가와 함께 하는 時間이 흐르면서, 자신도 모르게 그 사람이 내 마음 속으로 들어와 있는 經驗을 하기도 한다. 그 사람에게 情을 느끼면서, 정이 깊어지면서, 思慕하기도 하며, 사랑으로 깊어지기도 한다. 偶然이 必然으로 느껴지고, 友情이 사랑으로 느껴지는 瞬間들을 마주하게 된다. 처음 感情이 싹트고, 감정이 持續되고 깊어질수록, 때로는 幸福하고 때로는 슬프고, 때로는 알 수 없는 감정들에 휩싸이게 되는 신비로운 감정이다.

인간의 감정을 나타내는 다양한 한자어들을 더 살펴보도록 하자.

1. 아랫사람에게 베푸는 자비(慈悲)로운 사랑

2. 몹시 미워함.

3. 즐겁고 기쁨.

4. 싫어하고 미워함.

5. 사랑하는 마음, 남녀 사이에 서로 그리워하는 정.

6. 형제 사이의 정, 벗 사이의 정.

友 愛

[ ] [ ]

7. 분하여 성을 냄.

憤 怒

[ ] [ ]

8. 기쁘고 즐거움.

喜 悅

[ ] [ ]

9. 슬프고 가슴 아파함.

哀 痛

[ ] [ ]

10. 매우 기뻐하고 즐거워함.

喜 喜 樂 樂

[ ] [ ] [ ] [ ]

⊙ 주제 관련 한자성어

巫山之夢 무산지몽 [무당 **무**, 산 **산**, 갈 **지**, 꿈 **몽**]

무산(巫山)의 꿈이라는 뜻으로, 남녀의 밀회나 정교를 이르는 말.

比翼鳥 비익조 [견줄 **비**, 날개 **익**, 새 **조**]

암컷과 수컷이 눈과 날개가 하나씩이라서 짝을 짓지 않으면 날지 못한다는 새로, 남녀 사이 혹은 부부애가 두터움을 이르는 말.

連理枝 연리지 [잇닿을 **연**, 다스릴 **리**, 가지 **지**]

두 나무의 가지가 맞닿아서 결이 서로 통한 것을 가리키는데, 화목한 부부 또는 남녀 사이를 비유하여 이르는 말.

伯牙絶絃 백아절현 [맏 **백**, 어금니 **아**, 끊을 **절**, 줄 **현**]

백아가 거문고 줄을 끊어 버렸다는 뜻으로, 자기를 알아주는 절친한 벗의 죽음을 슬퍼함을 이르는 말.

莫逆之友 막역지우 [없을 **막**, 거스를 **역**, 갈 **지**, 벗 **우**]

마음이 맞아 서로 거스르는 일이 없는, 생사를 같이할 수 있는 친밀한 벗.

⊙ 알고보면 쓸모있는 한자 상식(TIP)

인간의 감정은 변화무쌍하다. 우정이 사랑이 되고, 사랑이 미움이 되기도 하는 경우를 종종 보게 된다. 한자도 뜻이 변한다. 육서의 다섯 번째와 여섯 번째인 轉注와 假借는 기존의 한자를 다른 의미로 바꾸어 쓰거나 빌려 쓰는 방식이다. 앞서 한자의 형성 원리와는 조금 다르게 운용 방식이라고 할 수 있다. 전주는 새로 글자를 만드는 것이 아니라 기존 글자에 새 뜻을 담는 것인데 원 뜻을 다른 뜻으로 바꾸어 쓰는 것이다. 惡(악할 악, 미워할 오), 樂(풍유 악, 즐길 락, 좋아할 요) 등이 해당한다. 가차의 예는 'Coca Cola'를 중국에서 '可口可樂'이라고 하는 것이 대표적인 예이다. 基督(기독: 그리스도), 佛陀(불타: 부다), 攝氏(섭씨: 셀시우스), 佛蘭西(불란서: 프랑스), 羅城(나성: 로스앤젤레스) 등 새로운 사물이나 개념에 대해 명명할 때 흔히 쓰인다.

⊙ 사방팔방 한자 세상 - 우정동

　울산광역시 중구의 중남부에 위치한 동네 이름이다. 우정동이라는 단어를 들으면, 우리는 우리가 흔히 알고 있는 친구 사이의 '우정'이 먼저 떠오를 것이다. 그래서 友情洞으로 생각하기 쉽다. 그러나 한자는 牛亭洞이다.

　우정동은 1914년에 창성동(昌盛洞)·강정동(江亭洞)·우암동(牛巖洞)이 통합되어 우정동이 되었는데, 우암동의 우(牛)와 강정동의 정(亭)을 통합한 지명이다. 우암동은 마을에 소를 닮은 바위가 있어 소바우라고 부른 데서 유래하였다고 한다. 강정동은 강가에 정자가 있었다고 하여 붙은 지명이라고 한다.

···연습 문제

＊다음 한자의 훈과 음을 쓰시오.

　1. 愛 : ＿＿＿＿＿＿＿＿＿

　2. 友 : ＿＿＿＿＿＿＿＿＿

　3. 福 : ＿＿＿＿＿＿＿＿＿

　4. 時 : ＿＿＿＿＿＿＿＿＿

＊다음의 훈과 음에 맞는 한자로 쓰시오.

　1. 다행 행 　: ＿＿＿＿＿＿＿＿

　2. 참 진 　　: ＿＿＿＿＿＿＿＿

　3. 기록할 기 : ＿＿＿＿＿＿＿＿

　4. 슬플 애 　: ＿＿＿＿＿＿＿＿

　5. 기쁠 희 　: ＿＿＿＿＿＿＿＿

　6. 인할 인 　: ＿＿＿＿＿＿＿＿

* 다음 단어를 한자로 쓰시오.

   1. 우정 : _____

   2. 친구 : _____

   3. 미련 : _____

   4. 우연 : _____

* 다음 한자어의 독음을 쓰시오.

   1. 慈愛   : _____

   2. 歡喜   : _____

   3. 憤怒   : _____

   4. 喜喜樂樂 : _____

   5. 憎惡   : _____

   6. 喜悅   : _____

* 다음 한자성어의 독음과 뜻을 쓰시오.

  伯牙絶絃 _____

* 사이가 좋은 남녀나 부부 사이를 가리키는 한자성어를 2개 쓰시오.

   _____   _____

| 기초 학습과 심화 학습 확인하기 |

기초 학습	심화 학습
1. 友情	1. 사랑 자, 사랑 애
2. 戀人	2. 미워할 증, 미워할 오
3. 親舊	3. 기쁠 환, 기쁠 희
4. 因緣	4. 싫어할 혐, 미워할 오
5. 偶然	5. 사랑 애, 뜻 정
6. 幸福	6. 벗 우, 사랑 애
7. 眞心	7. 분할 분, 성낼 로/노
8. 記憶	8. 기쁠 희, 기쁠 열
9. 未練	9. 슬플 애, 아플 통
10. 時間	10. 기쁠 희, 기쁠 희, 즐거워할 낙, 즐거워할 락

Chapter 2

내 삶에
꼭 필요한 것들

Chapter 2

우리가 살아가는 데 꼭 필요한 의·식·주 중에서, '의(衣)'에 해당하는 옷은 기본적으로 몸을 보호하는 기능을 가지고 있다. 하지만 현대 사회에서 옷이란 패션의 아이템으로써 역할을 한다. 전통적인 옷에서 현대적인 옷까지, 그 변화의 모습은 아주 다채롭다. 또한 각 나라에 존재하는 옷들은 그 나라의 문화까지도 담고 있다. 아래의 문화와 역사를 담고 있는 옷 이야기를 읽어보도록 하자.

國語辭典에서 '겉옷'을 찾아보면 '겹쳐 입는 衣服 중에서 가장 위에 입는 옷, 속옷의 反對 槪念'이라고 나온다. 그러면 人類가 처음 地球에 태어났을 때의 모습을 생각해보자. 과연 인류의 祖上은 무엇을 몸에 걸쳤을까? 무화과 나뭇잎 몇 개가 아니라 動物 가죽은 아니었을까?

옷의 機能은 크게 세 가지로 나눌 수 있다. 外部 溫度와 危險으로부터 몸을 保護하는 기능, 外貌를 아름답게 꾸미는 裝飾 기능, 身分, 性別, 나이 등을 나타내는 象徵 기능이다. 그리고 時代나 文化를 超越해 옷의 基本形態를 자세하게 살펴보면 다음과 같이 세 가지 類型으로 나눌 수 있다.

첫 번째 형태는 천을 몸에 감거나 걸치는 기본적인 '懸衣型' 옷이다. 이것은 다시 둘로 구분되는데 천에 구멍을 내고 머리를 집어넣는, 즉 멕시코인이나 남미의 인디오들의 판초 같은 貫頭衣型과 천을 몸에 감아서 어깨에 걸치는 古代 로마의 토가, 혹은 인도의 사리와 같은 卷衣型이다. 이 권의형 의복은 벗으면 다시 한 장의 천으로 돌아가는 特性이 있다.

두 번째로는 가운이나 코트처럼 앞트임이 있어 따로 여미는 원피스형 옷인 '貫衣型'이 있다. 이것은 포의라고 하는 넉넉한 중국옷, 그리고 중세 유럽에 속옷 겸용으로 입던 브리오와 같은 寬袍型과 서아시아의 傳統衣裳 카프탄과 기모노처럼 앞을 여미는 前開型이 있다.

세 번째로 身體라인을 따라 만드는 '體形型'이 있다. 이것은 손이 많이 가는 精巧한 形態이므로 縫製技術이 多少 必要하다. 따라서 그만큼 活動性이 좋은 옷으로 여겨지기도 한다. 체형형은 바람막이 기능이 뛰어나 옛날부터 추운 地域이나 겨울철이 있는 溫帶 지역에서 많이 입었고 上下가 分離된 스타일이 주를 이룬다. 또한 이것은 셔츠처럼 피부에 直接 닿는 密着形과 現在의 洋服 스타일과 같은 圓筒形으로 나뉜다. 그러나 옷은 지역의 氣候와 風土의 影響을 크게 받으므로 형태나 기능을 한 가지 또는 두 가지로만 單純化시킬 수 없다.

쓰지하라 야스오, 이윤혜 옮김, 『문화와 역사가 담긴 옷이야기』, 혜문서관, 2007.

위의 예시문은 옷의 기능과 유형을 설명하고 있다. 옷의 기능으로는 신체를 보호하고, 외모를 장식하고, 신분이나 나이 등의 상징성을 드러내는 역할을 한다고 하였다. 또 각 나라의 전통 의상을 중심으로 '현의형, 관의형, 체형형'으로 유형을 나누고 있는데, 그 용어들이 익숙하지는 않을 것이다. 하지만 설명을 읽어보면 현재도 유행하고 있는 판초스타일의 니트나 코트, 랩스타일의 원피스나 치마 등과 유사함을 알 수 있다. 유행은 돌고 돈다는 말처럼, 현재의 옷스타일이 과거에 없던 새로운 것이 아니라 과거의 의복 스타일에서 변화·개조되기도 하고, 레트로스타일이 열풍을 타기도 한다. 위의 예시문에 나타난 옷과 관련된 한자어들을 살펴보도록 하자.

• 기초 학습

1. 옷. 몸을 싸서 가리거나 보호하기 위하여 피륙 따위로 만들어 입는 물건.

[옷 **의**, 옷 **복**]

2. ①겉에 입는 저고리와 치마 ②의복(衣服). 옷. 모든 옷.

[옷 **의**, 치마 **상**]

3. 서양식(西洋式)으로 만든 옷.

[바다 **양**, 옷 **복**]

4. 겉으로의 모습. 겉모양. 얼굴 모양(模樣).

    [ ][ ]

    [바깥 **외**. 모양 **모**]

5. ①겉모양을 아름답게 꾸밈, 또는 그 꾸밈새나 장식물 ②그릇이나 기구(器具) 따위에 꾸밈새로 박는 쇠붙이.

    [ ][ ]

    [꾸밀 **장**. 꾸밀 **식**]

6. ①추상적(抽象的)인 사물(事物)을 구체화(具體化)하는 것 ②또는, 그와 같이 나타나지는 것.

    [ ][ ]

    [코끼리 **상**. 부를 **징**]

7. 몸의 생긴 모양.

    [ ][ ]

    [몸 **체**. 모양 **형**]

8. 미싱 따위로 박아서 만듦.

    [ ][ ]

    [꿰맬 **봉**. 지을 **제**]

9. 활발하게 움직이는 성질.

    [ ][ ][ ]

    [살 **활**. 움직일 **동**. 성품 **성**]

10. 서로 나뉘어서 떨어지거나 떨어지게 함.

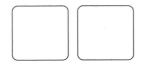

[나눌 **분**. 떠날 **리**]

　의 · 식 · 주 중에서, 衣는 옷을 의미하는 한자어이다. 뜻은 옷, 음은 의이다. 부수로 살펴
볼 때, 옷을 나타내는 글자들은 衣, 巾, 革, 韋, 糸 등이 있는데, 그 중 대표적이고 기본적이
라 할 수 있는 '衣'에 대해 살펴보도록 하자.

　'衣'는 옷을 입고 깃을 여민 모양을 본뜬 글자이다. 옛날에는 신체 중 위쪽에 걸치는 옷을
가리켜 衣라 하였다. 이 글자는 상형자로, 윗부분은 옷깃의 모양, 아랫부분은 교차된 옷자
락, 양쪽의 삐침은 옷소매 모양을 본뜬 글자이다.

　옷을 뜻하는 대표적인 단어 중에 '衣裳'이라는 한자어를 살펴보자. '裳'은, 현재는 '치마
상'이라고 읽히나, 옛날에는 신체 중 아래에 입는 옷을 가리키는 글자였다. 따라서 '衣裳'이
라는 단어는 상 · 하 옷을 다 갖춰 입는 형태, 옷 전체를 가리키는 단어이다.

　그 다음으로 '衣服'이라는 단어의 '服'도 '옷 복'으로, 옷을 가리키는 한자이다. 뜻을 나타
내는 달월(月)과 음을 나타내는 복(𠬝)이 합해진 글자이다. 몸을 다스려 보호한다는 의미가
더해져 '옷을 입다'는 뜻이다. 이 글자는 '옷'이라는 기본 뜻 외에, '좇다, 따르다, 복종하다,
굽히다, 사용하다, 다스리다' 등 다양한 뜻으로도 사용된다.

●●심화 학습

　상의나 하의 외에도 우리 몸을 보호하거나, 아름답게 꾸미기 위한 것들이 있다. 패션과 관련
된 단어들은 외국어로 된 경우가 많은데, 그 중에서 한자어로도 된 단어들을 살펴보도록 하자.

1. 맨발에 신도록 실이나 섬유로 짠 것.

2. 추위를 막거나 햇볕을 가리거나 예의·격식을 갖추거나 모양을 내기 위해 머리에 쓰는, 천이나 짐승의 털·가죽이나 털실 따위로 만든 물건.

帽 子

3. 겉으로 보이지 않게 속에 입는 옷. 특히, 겨울에 입는 소매가 긴 상의나 가랑이가 긴 하의. 내의(內衣).

內 服

4. 성사를 집행할 때에 사제가 목 뒤로 걸어서 몸 앞 양쪽으로 길게 늘어뜨리는 헝겊띠, 넥타이.

領 帶

5. 특정한 사람을 위해 맞춘 것이 아니라, 일정한 기준 치수에 따라 미리 여러 벌을 지어 놓고 파는 옷.

旣 成 服

6. 운동할 때 신는 신. 또는 평상시에 활동하기 편하게 신는 신.

運 動 靴

7. 손을 보호하거나 추위를 막거나 장식하기 위하여 손에 끼는 물건. 천, 가죽, 털실 따위로 만든다.

掌 匣

8. 목이 길게 올라오는 신. 가죽이나 고무로 만드는데 비가 올 때나 말을 탈 때에 신는다.

長 靴

9. 장식으로 손가락에 끼는 고리. 위쪽에 보석을 박거나 무늬를 새겨 꾸미기도 한다.

半 指

斑 指

10. 건물 안에서만 신는 신.

室 內 靴

⊙ 주제 관련 한자성어

白衣從軍 백의종군 [흰 **백**, 옷 **의**, 따를 **종**, 군사 **군**]

벼슬이 없는 사람으로 군대를 따라 싸움터에 나감을 이르는 말.

錦衣還鄉 금의환향 [비단 **금**. 옷 **의**. 돌아올 **환**. 고향 **향**]

비단옷을 입고 고향에 돌아온다는 뜻으로, 출세하여 고향에 돌아옴을 이르는 말.

綠衣紅裳 녹의홍상 [푸를 **녹**. 옷 **의**. 붉을 **홍**. 치마 **상**]

연두색 저고리에 다홍치마라는 뜻으로, 젊은 여자의 고운 옷차림.

錦衣夜行 금의야행 [비단 **금**. 옷 **의**. 밤 **야**. 갈 **행**]

비단옷을 입고 밤길을 간다는 뜻으로, ①아무 보람 없는 행동을 비유하여 이르는 말 ②또는 입신출세하여 고향으로 돌아가지 않음을 이르는 말 ③남이 알아주지 않음.

錦衣尙褧 금의상경 [비단 **금**. 옷 **의**. 오히려 **상**. 홑옷 **경**]

비단옷을 입고 그 위에 홑겹으로 된 옷을 덧입는다는 뜻으로, 군자는 미덕이 있어도 이것을 겉으로 드러내지 않음을 비유적으로 이르는 말.

◉ 알고보면 쓸모있는 한자 상식(TIP)

옷이 날개라는 말이 있다. 그만큼 의복은 입기에 따라서 사람을 다르게 보이게 한다는 말이다. 사람에 옷을 맞추어야 하는데 어떤 때에는 옷에 사람을 억지로 맞추려는 경우도 있다. 날씬해 보이기 위해서 실제 자신의 신체 싸이즈 보다 작은 옷을 선호하는 경우도 종종 보게 된다. 한자의 경우 대부분 두 글자 이상이 합체를 해서 이루어진 경우가 많다. 이럴 때 원 글자의 모양대로 합체해서는 모양이 제대로 나지 않는다. 그래서 변신이 필요하다. 대표적으로 '手'는 다른 글자 왼쪽에서 '扌'의 모습으로, '刀'는 다른 글자 오른쪽에서 'リ'로 변신을 한다. 이 외에도 예로는 다음과 같은 것들이 있다. 人 → 亻, 心 → 忄, 㣺, 水 → 氵, 氺, 犬 → 犭, 邑 → 阝(오른쪽), 阜 → 阝(왼쪽), 火 → 灬, 攴 → 攵, 玉 → 王, 爪 → 爫, 示 → 礻, 网 → 罒, 㓁, 罓, 肉 → 月, 艸 → 艹, 衣 → 衤, 辵 → 辶, 長 → 镸.

◉ 사방팔방 한자 세상 – 장화동

전라북도 김제시에 속하는 동네 이름이다. 목이 길게 올라오는 신발 종류인 장화가 들어간 長靴洞은 아니고 長華洞이다. 장화동은 1450년경 당시 성균관 진사였던 돈화 정임(鄭任)이 벼슬을 그만두고 화산(花山)으로 내려와 살면서 마을 이름을 장화(長華)라 한 데서 유래하였다고 한다. 장화(障化) 또는 꽃잔[華殘]이라고도 하였다. 마을 서쪽에 있는 화초산에서 유래했다는 설도 있다.

···연습 문제

*다음 한자의 훈과 음을 쓰시오.

  1. 衣 : _____

  2. 服 : _____

  3. 洋 : _____

  4. 帶 : _____

*다음의 훈과 음에 맞는 한자로 쓰시오.

  1. 몸 체   : _____

  2. 신 화   : _____

  3. 모양 모   : _____

  4. 코끼리 상 : _____

  5. 모양 형   : _____

  6. 가리킬 지 : _____

*다음 단어를 한자로 쓰시오.

  1. 의상   : _____

  2. 외모   : _____

  3. 체형   : _____

  4. 모자   : _____

＊다음 한자어의 독음을 쓰시오.

1. 長靴   : _____

2. 運動靴   : _____

3. 旣成服   : _____

4. 分離   : _____

5. 活動性   : _____

6. 裝飾   : _____

＊다음 한자성어의 독음과 뜻을 쓰시오.

綠衣紅裳 _____

＊'출세하여 고향으로 돌아온다'는 뜻을 지닌 한자성어를 써보시오.

_____

|기초 학습과 심화 학습 확인하기|

기초 학습	심화 학습
1. 衣服	1. 큰 바다 양, 버선 말
2. 衣裳	2. 모자 모, 아들 자
3. 洋服	3. 안 내, 옷 복
4. 外貌	4. 옷깃 영, 띠 대
5. 裝飾	5. 이미 기, 이룰 성, 옷 복
6. 象徵	6. 옮길 운, 움직일 동, 신 화
7. 體形	7. 손바닥 장, 갑 갑
8. 縫製	8. 길 장, 신 화
9. 活動性	9. 반 반, 가리킬지, 아롱질 반, 가리킬 지
10. 分離	10. 집 실, 안 내, 신 화

제5강 음식

　현대 사회의 대세 트렌드 중 하나로 이른바 '먹방'(먹는 방송)이 있다. 먹는다는 것은 우리의 삶에 필수적인 부분이기도 하며, 하나의 문화이기도 하다. TV에서는 음식을 다루는 많은 프로그램들이 방영 중이다. 요리사가 멋진 요리를 만들어내는 모습, 출연자가 맛있는 음식을 먹는 모습과 맛집을 찾아다니는 모습 등 우리는 다양한 방법으로 먹는 것을 향유하고 있다. 많은 음식들 중에는 상징성이 있기도 하다. 아래의 예시문은 그 중 한국의 여름철 대표 보양식인 삼계탕에 관련된 글이다. 함께 읽어보도록 하자.

　　以熱治熱을 代表하는 飮食이 다름 아닌 蔘鷄湯이다. 삼계탕을 특히 여름에 많이 먹는 理由는 여름철의 虛弱해진 元氣를 補充하는 데 삼계탕만한 것이 없기 때문이다. 어린 토종 닭의 배를 갈라 內臟을 들어낸 뒤 人蔘과 찹쌀, 마늘, 대추, 은행, 밤 등을 넣고 물에 푹 고아서 만든 음식이 삼계탕이다. 삼계탕에 영계[軟鷄]가 使用되는 이유는 어린 닭의 肉質이 부드럽기 때문이다. 마늘의 解毒 消化 機能과 渴症을 없애주는 대추, 肺에 좋다는 은행 등이 닭, 인삼과 어우러져 絶妙한 맛을 즐기는 것과 함께 豊富한 營養을 攝取할 수 있다.
　　닭은 잘 알려져 있듯, 蛋白質과 必修 아미노산이 많이 含有된 영양 덩어리다. 닭과 함께 삼계탕에서 가장 重要한 材料는 인삼이다. 삼계탕에서 삼이 곧 인삼이다. 인삼은 肝의 콜레스테롤 代謝를 促進하고 宿醉 解消에 效果가 있다. 抗癌 효과와 免疫力 强化, 스트레스 解消에도 좋은 影向을 준다. 血糖 降下 作用을 도와 糖尿病 治療에도 효과가 있는 것으로 알려졌다.

만기현, 『삼계탕-이열치열의 대명사, 음식에 담아낸 인문학』, 매경출판(주), 2015.

　위의 예시문은 여름철 보양식의 대명사인 삼계탕의 재료와 효능에 관한 글이다. 蔘鷄湯이라는 이름에서 인삼과 닭을 함께 넣고 푹 끓인 음식이라는 것을 알 수 있다. 음식명들은 단어 속에서 음식을 만드는 데 쓰인 재료나 조리 방법을 포함하고 있는 경우가 많다. 특히, 중국 음식의 경우에 글자를 통해 어떤 재료가 어떻게 조리되었는지를 알 수 있다. 예를 들면, 사람들이 가장 좋아하는 중국 음식 중의 하나인 자장면은 한자 표기로는 '炸醬麵(작장면→자장면)'이다. 춘장에서 볶은 면이라는 뜻이다. 그렇다면 '三鮮炸醬麵(삼선자장면)'과의 차이는 무엇일까? 삼선(三鮮)이란 세 가지의 흔하지 않은 재료가 들어갔다는 의미로, 자장면에 돼지고기, 닭고기, 새우, 전복, 죽순, 표고버섯, 해삼 가운데 3가지 재료를 넣어 만든 음식인 것이다. 이를 통해 우리가 한자를 알게 되면 음식에 대한 더 풍부한 이해를 할 수 있다는 것을 알 수 있는 것이다.

이와 관련된 재미있는 음식명에 관한 한자어들은 심화학습에서 살펴보기로 하고, 먼저 예시문에 나와 있는 음식과 관련된 한자어들을 익혀보도록 하자.

• 기초 학습

1. 사람이 먹을 수 있도록 만든, 밥이나 국.

[마실 **음**. 밥 **식**]

2. 어린 햇닭의 내장을 빼고 인삼, 대추, 찹쌀 따위를 넣어서 고아 만드는 보양 음식.

[삼 **삼**. 닭 **계**. 끓일 **탕**]

3. 모자람을 보태어 채움.

[도울 **보**. 채울 **충**]

4. 살이 많거나 살과 같은 성질, 고기의 품질.

[고기 **육**. 바탕 **질**]

5. 생물이 살아가는 데 필요한 에너지와 몸을 구성하는 성분을 외부에서 섭취하여 소화, 흡수, 순환, 호흡, 배설을 하는 과정. 또는 그것을 위하여 필요한 성분.

[ ][ ]

[경영할 **영**, 기를 **양**]

6. 영양분을 빨아들임.

[ ][ ]

[다스릴 **섭**, 가질 **취**]

7. 아미노산이 펩타이드 결합을 하여 생긴 여러 개의 아미노산으로 이루어진 고분자 화합물. 사람의 3대 영양소 가운데 하나이다.

[ ][ ][ ]

[새알 **단**, 흰 **백**, 바탕 **질**]

8. 물건을 만드는 데 들어가는 감.

[ ][ ]

[재목 **재**, 헤아릴 **료**]

9. 이튿날까지 깨지 아니하는 취기.

[ ][ ]

[묵을 **숙**, 취할 **취**]

10. 혈액 속에 포함되어있는 당류. 포도당.

[ ][ ]

[피 **혈**, 엿 **당**]

의·식·주 중에 食, 飮食에 공통적으로 보이는 한자인 食은 음식을 나타내는 기본 글자라고 할 수 있다. 한자의 음은 '식'이며, 기본 뜻은 '밥'이다. 즉, 사람(人)이 살아가기 위해 좋아하며(良) 즐겨먹는 음식물로 밥을 뜻하는 글자이다. 밥 이외에도 '음식, 제사, 벌이, 생계, 먹다, 먹이다' 등의 뜻도 있다. 그리고 '식'이라는 음 외에 '사'로 읽히기도 하는데, 이때의 뜻은 '먹이, 밥, 기르다, 먹이다, 양육하다' 등이고, 사람의 이름을 나타날 때에는 '이'로 읽히기도 한다.

갑골문의 '食'자는 음식물을 가득 담은 그릇의 모양을 본뜬 것이다. 윗부분 '人'은 삼각형의 덮개를 본뜬 것이다. 이 삼각형이 사람의 입을 본뜬 것이고 그 바로 아래의 두 점 'ㆍㆍ'은 사람에게서 흘러내리는 침이라고 주장하는 사람도 있다. 아랫부분 '艮'은 음식물을 가득 담은 그릇을 본뜬 것이다. '食'은 모든 음식을 나타내기도 하고, '食堂(식당)'이라는 말에 쓰인 것처럼 먹는 동작을 나타낼 수도 있다. 따라서 '食'을 가진 글자는 대부분 먹는 것이나 먹는 동작과 관련이 있다. 이러한 글자로는 '飮'(마실 음), '飯'(밥 반), '餠'(떡 병), '饑'(굶주릴 기), '餓'(굶주릴 아), '飽'(배부를 포) 등이 있다.

'飮'은 '食'의 오른쪽에 '欠'이 합해진 글자이다. '欠(흠)'은 입을 크게 벌리고 하품하는 모양을 표현한 글자인데, 이것이 食과 함께 더해져 '마시다'라는 의미를 갖게 되었다.

마지막으로 '蔘鷄湯(삼계탕)'이라는 단어를 살펴보자. 삼계탕을 이루는 각각의 글자는 '蔘(인삼 삼), 鷄(닭 계), 湯(끓일 탕)'이 합해진 글자로, 인삼과 닭을 넣고 끓인 음식이라는 의미를 갖고 있다. 蔘은 뜻을 나타내는 艸(초)과 음을 나타내는 參(삼)을 더하여 이루어진 약초의 이름이다. 鷄는 뜻을 나타내는 鳥(조)와 음을 나타내는 奚(해→계)로 이루어진, 새벽을 알리는 새라는 뜻으로 닭을 의미하는 글자가 되었다. 湯은 뜻을 나타내는 삼수변(氵=水)과 음을 나타내는 동시에 뜨겁다는 뜻을 나타내는 글자 昜(양)으로 이루어져서, 뜨거운 물이라는 의미를 갖는다. 또 음이 통하는 蕩(탕)의 뜻을 빌려 물이 하나 가득인 모양을 나타낸다. 이때, 삼계탕에서 재료로 사용되는 닭은 軟鷄(연계→영계)로 육질이 부드러운 닭, 즉 어린 닭이다. 이 낱글자들의 조합은 어떤 음식인지 분명하게 이해하는 데 도움을 준다. 따라서 삼계탕이란 어린 햇닭의 내장을 빼고 인삼, 대추, 찹쌀 따위를 넣어서 고아 만드는 여름철에 원기 회복 및 보신을 위한 보양 음식의 대표라고 할 수 있다.

앞에서 음식명을 통해 음식에 쓰인 재료나 조리법을 알 수 있다는 것을 언급하였다. 우리의 밥상 위에서 볼 수 있는 음식들 중에 한자어로 된 음식 몇 가지를 살펴보자. 그 음식에, 그 이름이 왜 붙게 되었는지 한자어를 통해 알 수 있다.

1. ①잡곡을 섞지 아니하고 흰쌀로만 지은 밥. ②음식점에서 흰밥에 국과 몇 가지 반찬을 끼워 파는 한 상의 음식.

2. 여러 가지 채소와 고기붙이를 잘게 썰어 볶은 것에 삶은 당면을 넣고 버무린 음식.

3. 구리, 놋쇠 따위로 굽 높은 대접 비슷하게 만든 것인데, 가운데에 숯불을 담는 통이 있고, 통 둘레에 여러 가지 음식을 담아서 끓인다. 여러 가지 채소, 생선, 육류를 담아서 장국을 부어 끓여 먹는 음식.

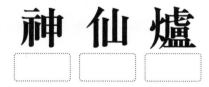

4. 부꾸미. 찹쌀가루, 밀가루, 수수 가루 따위를 반죽하여 둥글고 넓게 하여 프라이팬 같은 곳에 지진 떡. 팥소를 넣고 반으로 접어서 붙이기도 한다.

5. 묵청포(-淸泡). 초나물에 녹말묵(綠末-)을 썰어 넣고 만든 음식.

蕩 平 菜

6. 차게 해서 먹는 국수. 흔히 메밀국수를 냉국이나 김칫국 따위에 말거나 고추장 양념에 비벼서 먹는데, 예전부터 평양의 물냉면과 함흥의 비빔냉면이 유명하다.

冷 麪

7. 밀가루를 반죽하여 고기나 야채 등을 다져 만든 소를 넣고 빚어 찌거나 삶거나 튀긴 음식.

饅 頭

8. 전통적인 한식 식단을 바탕으로 여러 가지 음식을 내는 정식.

韓 定 食

9. 설렁탕. 선농단(先農)에서 유래된 말. 소의 머리, 내장, 뼈다귀, 발, 도가니 따위를 푹 삶아서 만든 국. 또는 그 국에 밥을 만 음식.

先 農 湯

10. 해장탕. 해장의 본래말이 '해정(解酲)'인데 숙취(酲)를 풀다(解)라는 뜻이다. 숙취를 풀기 위해 끓여서 먹는 음식.

解 酲 湯

⊙ 주제 관련 한자성어

簞食瓢飮 단사표음 [소쿠리 **단**, 밥 **사**, 바가지 **표**, 마실 **음**]
'대그릇의 밥과 표주박의 물'이라는 뜻으로, 좋지 못한 적은 음식.

三旬九食 삼순구식 [석 **삼**, 열흘 **순**, 아홉 **구**, 밥 **식**]
'삼순, 곧 한 달에 아홉 번 밥을 먹는다'는 뜻으로, 집안이 가난하여 먹을 것이 없어 굶주린 다는 말.

錦衣玉食 금의옥식 [비단 **금**, 옷 **의**, 구슬 **옥**, 밥 **식**]
비단옷과 흰쌀밥이라는 뜻으로, 사치스러운 생활을 이르는 말.

東家食西家宿 동가식서가숙 [동쪽 **동**, 집 **가**, 밥 **식**, 서쪽 **서**, 집 **가**, 잘 **숙**]
동쪽 집에서 먹고 서쪽 집에서 잔다는 뜻으로, ①탐욕스러운 사람을 비유해 이르는 말 ②먹을 곳, 잘 곳이 없어 떠돌아다니며 이집 저집에서 얻어먹고 지내는 일 또는 그러한 사람.

無錢取食 무전취식 [없을 **무**, 돈 **전**, 가질 **취**, 먹을 **식**]
돈이 없이 남의 파는 음식을 먹음.

⊙ 알고보면 쓸모있는 한자 상식(TIP)

삼계탕처럼 한자어를 이루는 낱글자의 뜻를 알게 되면, 음식의 재료도 알고 더불어 조리 방식도 알게 되니, 더 맛나게 음식을 즐기고 지식도 느는 一石二鳥의 효과를 누릴 수 있다. 중국 음식은 가지 수도 많고 복잡해보이는데 탕수육(糖醋+肉), 깐풍기(乾烹+鷄), 라조기(辣椒+鷄)처럼 대개 조리법+재료로 이름이 만들어졌다는 것을 알면 쉽게 주문하고 맛나게 즐길 수 있다. 마찬가지로 대부분의 한자는 두 글자 이상의 조합으로 이루어져 있는데, 그중 뜻을 담당하는 部首를 알면 한자를 익히는 데 큰 도움이 된다. 한자는 뜻글자[表意文字]이므로 어떤 하나의 기준이 되는 뜻을 중심으로 이루어지는데 그 기준이 부수이다. 곧 부수는 한자의 부분[部]이면서 글자의 뜻을 담은 으뜸[首]이 되는 것이다. 그래서 부수를 익히는 공부가 중요한데 자세한 면모는 책의 부록의 부수자 214자를 참고하길.

⊙ 사방팔방 한자 세상 - 식사동

경기도 고양시 일산 동구의 서부에 위치하는 동네 이름이다. 『고양군지』에 따르면 원래 고양군 구이면(九耳面) 식사리였다. 식사(食寺)라는 지명은 고려 말에서 조선 초 사이에 생긴 것으로 추정된다. 스님이 몰래 밥을 날라다 주게 되면서 이 마을을 '밥절'이라 부르게 되었고, 이를 한자화하여 '밥 식(食)'자와 '절 사(寺)'자를 써서 식사동이 되었다 한다. 지금도 박적골(밥절) 또는 박절이라고 불리기도 한다. 따라서 그 유래를 보면 食事洞이 아닌 食寺洞인 것이다.

···연습 문제

*다음 한자의 훈과 음을 쓰시오.

1. 飲 : _____

2. 湯 : _____

3. 質 : _____

4. 材 : _____

*다음의 훈과 음에 맞는 한자로 쓰시오.

1. 도울 보   : _____

2. 취할 취   : _____

3. 닭 계   : _____

4. 가질 취   : _____

5. 고기 육   : _____

6. 부드러울 연 : _____

* 다음 단어를 한자로 쓰시오.

1. 음식   : _____

2. 영양   : _____

3. 섭취   : _____

4. 삼계탕   : _____

* 다음 한자어의 독음을 쓰시오.

1. 血糖   : _____

2. 蛋白質   : _____

3. 宿醉   : _____

* 다음 한자성어의 독음과 뜻을 쓰시오.

三旬九食   _____

* '대그릇의 밥과 표주박의 물'이라는 뜻을 지닌 한자성어를 써보시오.

_____

| 기초 학습과 심화 학습 확인하기 |

기초 학습

1. 飲食
2. 蔘鷄湯
3. 補充
4. 肉質
5. 營養
6. 攝取
7. 蛋白質
8. 材料
9. 宿醉
10. 血糖

심화 학습

1. 흰 백, 밥 반
2. 섞일 잡, 나물 채
3. 귀신 신, 신선 선, 화로 로
4. 달일 전, 떡 병
5. 방탕할 탕, 평평할 평, 나물 채
6. 찰 냉, 밀가루 면
7. 만두 만, 머리 두
8. 한국 한, 정할 정, 밥 식
9. 먼저 선, 농사 농, 넘어질 탕
10. 풀 해, 숙취 정, 넘어질 탕

제6강 주거

우리 삶에서 꼭 필요한 의·식·주 중 마지막 장은 주거 문화와 관련된 내용이다. 현대 사회에서 주거 구조는 전통적인 형태와는 많이 다르다. 과거에는 한옥 구조의 집에서 생활했다면, 현재 우리 사회에서는 서양식 주거 형태를 더 많이 찾아볼 수 있다. 도시에서 빽빽한 빌딩 숲과 함께 아파트 숲이 눈에 띤다. 서양식 주거 형태로만 인식했던 아파트 안에서도 우리의 전통 가옥의 흔적을 찾아볼 수 있다. 아래의 글은 아파트와 한옥의 구성 중 유사한 점에 대해 설명하고 있는 글이다. 함께 읽어보도록 하자.

韓屋은 中庭形式의 마당을 中心으로 해서 사랑채와 안채가 있고, 안채를 構成하는 안방과 건넌방 사이에 대청마루가 있는 것이 普遍的인 구성이다. 밥은 보통 부엌에서 상을 차려서 안방으로 가지고 와 앉아서 먹었다. 食卓이라는 것이 따로 없고, 이부자리를 펴면 寢室이 되고 상을 들이면 식탁이 됐다. 이러한 形式에서 수백 년을 살던 韓國人들이 아파트를 지었을 때에도 全體的인 틀이 여기에서 크게 벗어나지 않았다. 우리가 사는 아파트의 보편적인 平面圖는 玄關門을 열고 들어가면 房이 있고, 더 들어가면 부엌과 식탁을 놓는 자리가 나오고, 그 앞에 居室이 位置한다. 그리고 더 들어가면 방이 두 개 나온다. 이러한 典型的인 쓰리베이 아파트의 구성은 韓屋에서의 마당이 거실이 되고, 대청마루 部分이 식탁을 놓는 자리가 된 것과 비슷하다. 따라서 朝鮮時代 때 各種 농사일의 作業場이 되었던 마당에 지붕을 씌운 것이 거실이 되었다고 보면 된다. 이렇듯 평면적으로 보면 아파트 구성과 한옥은 지극히 비슷해 보인다. (중략)

툇마루 空間은 우리나라 建築에서 아주 重要한 中間的인 性格을 띠는 공간이다. 그 이유는 처마 아래에 위치하기 때문이다. 처마 아래에 있다는 것은 비가 올 때 비를 피할 수 있는 공간이면서 동시에 신발을 신지 않고서 바깥바람을 쐬러 나갈 수 있는 공간임을 의미한다. 고로 外部와 內部의 중간적인 성격을 띠고 있는 공간인 것이다. 現代 時代에서 아파트의 발코니도 이런 중간적인 성격이지만 신을 신고 나가야 한다는 점에서 툇마루와는 약간 성격

을 달리한다. (중략)

窓門과 門은 엄연히 다른 建築 要素이다. 문은 바라보면서 同時에 들어갈 수 있다. 문은 프라이버시를 '0'으로 만드는 요소이다. 하지만 창문은 서로 바라볼 수는 있되 건너갈 수는 없는 건축 요소이다. 창문으로 連結된 공간은 適切한 私生活을 維持하면서도 느슨하게 關係를 形成해주는 裝置이다.

유현준, 『가족애를 위한 아파트 평면 만들기, 도시는 무엇으로 사는가』, 을유문화사, 2015.

위의 예시문은 아파트와 한옥의 유사한 부분에 대해 서술하고 있다. 전통 가옥에서 현대 가옥으로 형태는 변하였지만, 그 안을 들여다보면 비슷한 구조로 구성되어있다는 것이다. 한옥이든 아파트든 사람이 살아가는 공간이니, 형태가 바뀌었다고 해서 예전의 것을 버리고 새로운 것을 취하지 않았음을 느낄 수 있다. 우리의 삶은 지속적으로 전통과 현대가 조화를 이루며 살아가고 있다는 생각이 들기도 한다.

예시문 안에는 주거 공간과 관련된 여러 한자어들이 등장하는데, 이를 살펴보도록 하자.

• 기초 학습

1. 우리나라 고유의 형식으로 지은 집.

[나라 **한**, 집 **옥**]

2. 마당의 한가운데. 집 안의 건물과 건물 사이에 있는 마당.

[가운데 **중**, 뜰 **정**]

3. 잠을 자는 방.

[잘 **침**, 집 **실**]

4. 현관에 딸린 드나드는 문.

[검을 **현**, 관계할 **관**, 문 **문**]

5. 사람이 살거나 일을 하기 위하여 벽 따위로 막아 만든 칸.

[방 **방**]

6. 가족이 모여 생활하는 공간.

[살 **거**, 집 **실**]

7. 집이나 성, 다리 따위의 구조물을 그 목적에 따라 설계하여 흙이나 나무, 돌, 벽돌, 쇠 따위를 써서 세우거나 쌓아 만드는 일.

[세울 **건**, 쌓을 **축**]

8. 공기나 햇빛을 받을 수 있고, 밖을 내다볼 수 있도록 벽이나 지붕에 낸 문.

[창 **창**, 문 **문**]

9. 개인의 사사로운 일상 생활.

[사사 **사**, 날 **생**, 살 **활**]

10. 어떤 목적에 따라 기능하도록 기계, 도구 따위를 그 장소에 장착함, 어떤 일을 원만하게 수행하기 위하여 설정한 조직 구조나 규칙 따위를 비유적으로 이르는 말.

[꾸밀 **장**, 둘 **치**]

위의 한자들 중에 집을 나타내는 기본 글자로 屋, 室을 들 수 있다.

屋의 뜻은 '집', 음은 '옥'이다. 사람이(尸) 이르러(至) 머물 수 있다는 것으로, 집을 뜻한다. 尸(시)는 사람이 누워서 쉬고 있는 모양이며 인체나 가옥에 關係가 있음을 나타내고 있으며, 至(지)는 속까지 닿아 이르다, 즉 안쪽 방을 나타낸다는 뜻이 더해져서 사람이 이르러 머문다는 데서 집을 뜻하는 글자가 되었다. 이 글자는 기본적인 '집 옥'이라는 뜻과 음 외에도 '악'이라는 음도 가지고 있다. '악'으로 읽을 때에는 '휘장'이라는 뜻을 지닌다.

室의 뜻도 '집'이며, 음은 '실'이다. 새가 둥지로 날아들 듯이 사람이 집(宀)에 이르러서(至) 휴식을 취하는 '집(방)'이라는 의미이다. 전통적인 가옥 구조에서 '室'이란 바깥채인 '堂'에 대하여 안쪽에 있는 방을 가리키는 말이었다.

이 외에도 '宇(집 우), 宅(집 댁), 宮(집 궁)' 등 집을 뜻하는 글자들이 더 많이 존재한다. 室(집 실)과 마찬가지로, 이 글자들의 공통점은 모두 갓머리(宀) 부수를 포함하고 있다는 것이다. 宇는 뜻을 나타내는 갓머리(宀: 집, 집 안) 부수와 음을 나타내는 于(우)가 합해진 글자이다. 于(우)는 아아하고 큰소리를 내다→크다→크게 굽다의 뜻으로, 크게 날개를 편 듯한 차양이 있는 건물을 뜻하는 글자였는데, 나중에 우주 또는 천하의 뜻으로도 변하였다. 宅(집 댁)은 뜻을 나타내는 갓머리(宀: 집, 집 안) 부수와 음을 나타내는 乇(탁: 풀잎→댁)이 합하여 이루어진 글자로, 사람이 의지하고 사는 집을 뜻한다. 宮(집 궁)은 건물이 많이 늘어선 집을 의미하는 글자이다. 본래 사람이 거주하는 집인데, 진나라 이후에 황제가 사는 곳만을 '宮'이라고 하였다.

그 외에 집과 관련된 요소 중에 '門(문 문), 房(방 방)'을 살펴보자. 門(문)은 상형문자이다. 두 개의 문짝이 있는 문의 모양을 본뜬 글자로, 문짝을 맞추어 닫는 출입구를 의미한다. 房(방)은 뜻을 나타내는 戶(지게 호→지게문)와 음을 나타내는 동시에 곁의 뜻을 가진 方(방)으로 이루어진 글자로, 당집 옆의 작은 방을 의미한다.

한자어들 중에서 건물의 종류를 표현하는 글자들이 다양하다. 이를 살펴보도록 하자.

1. 터를 높이 돋우어 지은 집.

2. 당보다 폐쇄된 조용하고 은밀한 구조의 집. 정신을 가다듬고 수신하는 공간.

3. 집의 가장 뒤쪽에 있는 개인적이고 사적인 공간.

4. 안방. 도장방, 부녀자가 거처하는 방.

5. 주거 공간이 아니라 길 가는 중에 잠시 머물다 가는 공간.

6. 터를 높이 쌓고 바닥을 골라 아래쪽을 바라볼 수 있게 한 공간. 지붕이 없고 난간만 두른 경우가 많음.

臺

7. 사방에 비탈진 지붕이 있고, 창문을 낸 건물, 정자와 비슷.

閣

8. 길 가던 사람이 잠시 쉬어 가라고 만든 공간.

亭

9. 높고 활짝 트인 장소에 지어 경치를 바라볼 수 있도록 한 건물.

軒

10. 기둥 위에 높게 지은, 폭이 좁으면서 가로로 긴 다락집.

樓

⊙ 주제 관련 한자성어

堂狗風月 당구풍월 [집 **당**, 개 **구**, 바람 **풍**, 달 **월**]

서당개 3년이면 풍월을 읊는다는 뜻으로, 무식쟁이라도 유식한 사람과 사귀면 견문이 넓어짐. 또는 무슨 일 하는 것을 오래 오래 보고 듣고 하면 자연히 할 줄 알게 된다는 뜻.

洞房華燭 동방화촉 [골 **동**, 방 **방**, 빛날 **화**, 촛불 **촉**]

부인의 방에 촛불이 아름답게 비친다는 뜻으로, 신랑이 신부의 방에서 첫날밤을 지내는 일. 결혼식날 밤 또는 혼례를 이르는 말.

獨守空房 독수공방 [홀로 **독**, 지킬 **수**, 빌 **공**, 방 **방**]

빈방에서 혼자 잠, 부부가 서로 별거하여 여자가 남편 없이 혼자 지냄을 뜻함.

下石上臺 하석상대 [아래 **하**, 돌 **석**, 윗 **상**, 대 **대**]

아랫돌 빼서 윗돌 괴고, 윗돌 빼서 아랫돌 괴기, 임기응변으로 어려운 일을 처리함을 말함.

沙上樓閣 사상누각 [모래 **사**, 윗 **상**, 다락 **누**, 집 **각**]

모래 위에 세운 다락집, 기초가 약하여 무너질 염려가 있을 때나 실현 불가능한 일을 두고 이르는 말.

⊙ 알고보면 쓸모있는 한자 상식(TIP)

최근 코로나 感染病 流行으로 인해 社會的 隔離 기간이 길어지자 집안에서 생활하는 시간이 길어지고 그 여파로 住居 空間에 대한 관심이 늘어나면서 집 修理를 하는 집이 대폭 늘었다고 한다. 그래서 코로나 시국에 리모델링 업계는 큰 이득을 보았다는 뉴스도 보도되었다. 建築을 하는 것은 한편으로는 기존의 것을 부수고 그 터에 새롭게 짓는 것이다. 국가도 마찬가지인데, 조선시대에는 이와 관련한 흥미로운 일화가 있다. 태조 이성계(李成桂)가 왕이 될 때 '木子爲王(목자위왕)'이라는 소문이 돌았고, 조광조(趙光祖)가 개혁을 하다 실패할 때는 '走肖爲王(주초위왕)'이라는 소문이 돌았다. 결과는 서로 달랐지만 한자를 활용한 방식은 똑같았다. 전자는 李(이)자를 木과 子로, 후자는 趙(조)자를 走와 肖로 나눈 것이다. 이처럼 한자는 만들기만 하는 것이 아니라 해체하는 언어유희도 있는데 이를 破字라고 한다.

⊙ 사방팔방 한자 세상 - 정자동

여기서 정자동은 亭子洞이다. 정자동이라는 명칭을 가진 곳은 두 군데가 있다. 경기도 성남시 분당구에 위치한 정자동과 경기도 수원시 장안구에 위치한 정자동이다.

성남시 분당구 정자동의 명칭의 유래는 조선시대 때, 성종의 아들 무산군(茂山君)의 후손이면서 이천부사 겸 광주병마진관 등을 역임한 이경인(李敬仁)이 낙향 후 지은 정자가 있어서 '정자리'로 불렀다고 전한다. 『신구대조』에 1914년 행정구역 개편에 따라 정자동 일부가 정자리가 되었다는 내용이 보인다.

경기도 수원시 장안구의 정자동의 유래를 살펴보면, '정자'라는 동 이름은 이 지역에 영화정(迎華亭)이 있었기 때문에 붙여진 것이라고 한다. 영화정은 현재 송죽동에 있다.

···연습 문제

* 다음 한자의 훈과 음을 쓰시오.

1. 堂 : _____

2. 樓 : _____

3. 閣 : _____

4. 館 : _____

* 다음의 훈과 음에 맞는 한자로 쓰시오.

1. 집 재 : _____

2. 집 실 : _____

3. 안방 규 : _____

4. 집 헌 : _____

5. 대 대 : _____

6. 정자 정　　:　_____

* 다음 단어를 한자로 쓰시오.

1. 한옥　　　:　_____

2. 건축　　　:　_____

3. 거실　　　:　_____

4. 창문　　　:　_____

* 다음 한자어의 독음을 쓰시오.

1. 玄關門　　:　_____

2. 私生活　　:　_____

3. 裝置　　　:　_____

* 다음 한자성어의 독음과 뜻을 쓰시오.

沙上樓閣　　_____

* 부인의 방에 촛불이 아름답게 비친다는 뜻으로, 결혼식날 밤 또는 혼례를 이르는 한자성어를
　써보시오.

　_____

| 기초 학습과 심화 학습 확인하기 |

기초 학습

1. 韓屋
2. 中庭
3. 寢室
4. 玄關門
5. 房
6. 居室
7. 建築
8. 窓門
9. 私生活
10. 裝置

심화 학습

1. 집 당
2. 집 재
3. 집 실
4. 안방 규
5. 집 관
6. 대 대
7. 집 각
8. 정자 정
9. 집 헌
10. 다락 누(루)

Chapter 3

나를 둘러싼
세계의 일들

Chapter 3

제7강 기후

우리가 사는 지구는 과연 건강한가? 여름에는 불볕더위로, 겨울에는 연속되는 한파로 지구촌은 신음하고 있다. 이러한 현상이 한두 번 발생하면 기상이변이라고 한다. 하지만 이러한 현상이 지속적으로 일어난다면 기후변화라고 불러야 할 것이다. 이번 강에서는 기후와 관련된 한자를 살펴보자.

地球의 平均氣溫은 氣象觀測이 始作된 이래로 1970년대까지 上昇과 下降을 反復하였다. 19세기 말에서 20세기 초까지는 氣溫이 낮은 시기였고, 1940년대는 氣溫이 上昇하면서 1980년대와 비슷한 水準이었다. 그러다 1960년대에 들면서 다시 氣溫이 下降하여 '60년대 기후'라는 말까지 생겨나기도 하였다. 그러나 그 후부터는 氣溫 上昇이 뚜렷하게 이어지고 있다. 氣候變化에 관한 정부간 협의체의 2007년 발표한 제4차 보고서에 의하면 地球 平均氣溫은 지난 백 년(1906~2005년)간 0.74 ± 0.18℃ 上昇했다. 특히 최근 50년간의 平均氣溫은 매십 년마다 0.13℃씩 上昇하여 지난 백 년간의 上昇幅(0.07℃/10年)보다 2배 정도 높다. 최근의 10년은 氣象觀測 이래로 가장 더운 10년이었으며, 1998년은 地球 平均氣溫 최고값을 기록하였다. 또한 2003년과 2005년은 地球 平均氣溫 두 번째의 극값을 기록하였다.

우리나라의 경우 최근 들어 異常氣候現象이 자주 目擊된다. 날씨가 맑고 불볕더위가 氣勝을 부리다가 먹구름이 몰려와 비를 쏟아내곤 다시 언제 그랬냐는 듯이 해가 뜬다. 뿐만 아니라 例年보다 장마 期間이 길어지면서 集中豪雨가 있었던 地域은 강물이 더 불어나고 근처 海水지 溫度가 非正常的으로 下降하는 現象이 일어나고 反面 集中豪雨가 없었던 地域은 근처 海水 溫度가 上昇하여 赤潮·綠潮 現象을 誘發하여 海中 生態系를 威脅하는 現象이 벌어지고 있다.

〈地球溫暖化〉, 『한국민족문화대백과사전』(http://encykorea.aks.ac.kr/), 한국학중앙연구원.

위의 글은 지구온난화에 대해 설명하고 있다. 지구의 기온은 상승과 하강을 반복해 오다가 1970년 이후로는 꾸준히 상승하고 있다. 이러한 상승을 지구온난화라고 한다. 지구가 점점 더 따뜻해지면서 여러 가지 비정상적인 현상들이 발생하고 있다. 장마철과 상관없이 폭우가 내리고, 때늦은 태풍이 발생하기도 한다. 또한 여름에는 폭염이, 겨울에는 긴 한파가 몰려오기도 한다. 이러한 지구온난화는 지구가 건강하지 않다는 것을 의미한다. 이러한 현상이 지속되거나 심화된다면, 인류가 생존하는 데 큰 위협이 될 수 있다. 우리는 기후에 대한 한자어를 살펴보면서 환경의 중요성도 함께 생각해 보도록 하자.

• 기초 학습

1. 인류가 살고 있는 천체.

[땅 **지**, 공 **구**]

2. 대기의 온도. 보통 지면으로부터 1.5미터 높이의 백엽상 속에 놓인 온도계로 잰 온도를 이름.

[기운 **기**, 따뜻할 **온**]

3. 대기의 상태를 알기 위하여 기압, 기온, 습도, 풍향, 풍속 등을 측정하고, 구름, 안개, 비, 눈 등의 대기 중에서 발생하는 각종 기상 현상을 관측하는 일.

[기운 **기**, 코끼리 **상**, 볼 **관**, 잴 **측**]

4. 낮은 데서 위로 올라감.

[위 **상**, 오를 **승**]

5. 높은 곳에서 낮은 쪽으로 내려옴.

[　][　]

[아래 **하**, 내릴 **강**]

6. 사물의 가치나 질 따위의 기준이 되는 일정한 표준이나 정도.

[　][　]

[물 **수**, 평평할 **준**]

7. 정상적인 상태와 다름.

[　][　]

[다를 **이**, 항상 **상**]

8. 어느 한 지역에 집중적으로 내리는 큰비.

[　][　][　][　]

[모일 **집**, 가운데 **중**, 호걸 **호**, 비 **우**]

9. 바다에서 부영양화로 인해 부유미생물이 대량으로 증식하여 바닷물의 색깔이 빨갛게 보이는 현상.

[　][　]

[붉을 **적**, 조수 **조**]

10. 어느 환경 안에서 사는 생물군과 그 생물들을 제어하는 제반 요인을 포함한 복합 체계.

[　][　][　]

[날 **생**, 모양 **태**, 이을 **계**]

地球는 우리가 사는 행성이다.

地(땅 지)는 흙을 나타내는 土(흙 토)와 뱀을 나타내는 也(어조사 야)의 결합으로 이루어져, 구불구불한 땅을 나타낸다. 地는 地震, 地層, 地圖, 地域, 地形, 地質, 陸地, 濕地와 같은 한자어에서 땅의 의미로 쓰인다. 또한 地는 處地나 地位의 의미도 있다.

球(공 구)는 구슬을 의미하는 玉(구슬 옥)과 음을 나타내는 求(구할 구)의 결합으로 이루어졌다. 球는 아름다운 옥을 의미하였는데, 지금은 '공'을 의미하는 한자어에 주로 사용된다. 즉, 蹴球나 野球, 籠球와 같은 공을 사용하는 경기를 뜻하는 한자어에 쓴다. 따라서 지구는 둥근 땅을 말하는 것이다. 우리나라에서 지구라는 말은 김만중의 『서포만필』에 처음 등장한다.

대기의 온도를 나타내는 氣溫은 우리의 생활을 결정하는 중요한 지표가 된다.

氣(기운 기)는 하늘로 피어오르는 구름을 의미하는 气(기운 기)와 쌀 혹은 작은 것을 의미하는 米(쌀 미)의 결합으로 이루어졌다. 기온과 관련하여 節氣, 氣像으로 사용한다. 또한 기운(氣運)의 의미로 感氣, 勇氣, 氣分, 香氣 등의 한자어를 만든다.

溫은 물을 뜻하는 氵(물 수)와 탕 속에서 따뜻함을 뜻하는 𥁕(어질 온)을 합해서 만들었다. 대체로 溫暖, 溫度, 溫泉, 高溫과 같은 '따뜻하다'는 의미로 사용하지만, 溫故知新과 같은 경우에는 '익히다'라는 뜻을 갖는다.

觀測은 눈이나 도구로 자연 현상 특히 천체나 기상의 상태, 변화를 관찰하여 측정하는 것을 말한다.

觀(볼 관)은 큰 수리부엉이가 목표물을 응시하듯 뚫어지게 바라다본다는 것을 의미하는 글자로 雚(황새 관)과 見(볼 견)이 결합으로 이루어졌다. 황새 간의 아랫부분은 새를 뜻하는 글자(隹: 새 추)이고 윗부분(吅)은 큰 눈을 강조한 머리부분으로 볼 수 있다. 부엉이는 어둠 속에서도 사냥감을 찾을 수 있는 능력을 가졌기 때문에 사람들은 지혜롭다고 생각했다. 見은 눈(目)을 크게 뜬 사람(儿)으로 사물을 보거나 눈에 들어온다는 뜻을 갖는다. 그래서 觀은 客觀, 觀察, 觀點, 價値觀 등에서 사용된다.

測(잴 측)은 물을 의미하는 氵(물 수)와 소리를 담당하는 則(곧 측)의 결합으로 이루어졌다. 물을 잰다는 測定, 測量이라는 한자어에서 사용되고, 推測이나 臆測처럼 헤아린다는 의미도 갖는다.

1. 인간이나 동식물 따위의 생존이나 생활에 영향을 미치는 자연적 조건이나 상태.

2. 뜻하지 아니하게 생긴 불행한 변고. 또는 천재지변으로 인한 불행한 사고.

3. 공기나 물, 환경 따위가 더러워지거나 해로운 물질에 물듦. 순수한 것이 훼손되거나 없어져 버림.

4. 어떤 목적을 지닌 행위에 의하여 드러나는 보람이나 좋은 결과.

5. 연소하여 열, 빛, 동력의 에너지를 얻을 수 있는 물질을 통틀어 이르는 말.

6. 유기 화합물의 주요 구성 원소로, 숯·석탄·금강석 따위로 산출된다.

7. 불볕더위. 햇볕이 몹시 뜨겁게 내리쬘 때의 더위.

8. 벼락이 떨어짐. 또는 그 벼락.

9. 분간하기 어려울 만큼 매우 작고 세밀함.

10. 기온이 높아짐. 또는 그런 현상.

⊙ 주제 관련 한자 성어

기후와 관련된 한자성어를 살펴보자.

橘化爲枳 귤화위지 [귤나무 귤. 될 화. 할 위. 탱자나무 지]

회남의 귤을 회북으로 옮겨 심으면 탱자가 된다는 뜻으로, 환경과 조건에 따라 사물의 성질이 변함을 이르는 말. 기후가 변하면서 자라는 식물도 달라지고 있다. 서울에서 야자열매를 보게 될 날이 올까 무섭다.

桑田碧海 상전벽해 [뽕나무 상. 밭 전. 푸를 벽. 바다 해]

뽕나무 밭이 푸른 바다로 변했다는 뜻으로, 세상이 몰라볼 정도로 바뀐 것을 비유하는 말. 대체로 시대에 따라 크게 달라지는 것을 의미한다. 온난화로 인해 해안선이 달라지고 어떤 나라는 물에 잠기게 된다고 한다.

泉石膏肓 천석고황 [샘 천. 돌 석. 살찔 고. 명치끝 황]

고질병이 되다시피 산수풍경을 좋아하는 것을 말한다. 즉 자연의 아름다움을 즐길 수 아는 것이다. 우리가 이렇게 자연을 사랑한다면 지금의 기후 변화는 멈출 수 있지 않을까?

煙霞痼疾 연하고질 [연기 연. 놀 하. 고질 고. 병 질]

자연의 아름다운 경치를 몹시 사랑하고 즐기는 성벽을 의미한다. 앞의 泉石膏肓과 같은 뜻이다.

守株待兔 수주대토 [지킬 수. 그루 주. 기다릴 대. 토끼 토]

그루터기를 지키며 토끼를 기다리다. 고지식하고 융통성이 없어 옛날 방식만 고집하고 요행만을 기대하는 것을 비유한다. 기후 변화에 대해서 대책을 세우지 않고 있는 인류를 꼬집고 있는 한자 성어로 생각해 볼 수도 있다.

⊙ 알고보면 쓸모있는 한자 상식(TIP)

기상이변이나 기후변화는 인간 생활과 지구 생태계에 큰 위협이 되고 있는데, 한자 세계에서도 글자의 변형이나 특이한 조합의 사례를 볼 수 있다. 같은 글자인데 형태가 조금씩 변형된 경우를 볼 수 있는데 이를 異體字라고 부른다. 또 이것이 세간에 널리 쓰이다 보면 굳어져서 正字와 함께 쓰이는 경우도 많은데 이를 俗字라고 한다. '竝'에 대한 '並', '晉'에 대한

'晉', '嚴'에 대한 '범' 등이다. 그리고 다소 특이하고 황당한 조합으로 발생하는 한자들도 있다. 예를 들면, 男+女+男은 嬲(희학질할 뇨)인데, 嬲의 반대 구성도 있다. 즉 여자 둘 사이에 낀 남자 모양의 한자로 嬲와 뜻은 같은데 실제로 사용되는 경우는 드물다. 또 女+男은 嬲으로 뜻은 '말소리 남', 女+女은 奻으로 '시끄럽게 송사할 난'으로 별스러운 만큼 뜻도 소란스러움을 알 수 있다.

⊙ 사방팔방 한자 세상 – 매탄동

煤炭은 오래전의 식물질이 땅속에 묻혀 땅의 열과 압력을 받아 분해되어 생성된, 흑색 또는 갈색의 가연성 광물질을 말한다. 그렇기에 매탄동이라는 동네 이름은 석탄과 같은 연료를 생산하던 광산이나 이산화탄소와 같은 화합물을 떠올리게 한다. 그래서 매탄동은 공기의 질이 매우 나쁠 것 같다.

하지만 경기도 수원시 영통구의 매탄동의 매탄은 한자로 梅灘(매화나무 매, 여울 탄)이다. '매탄'이란 이름은 원천천이 이곳을 통과하면서 여울(바닥이 낮거나 폭이 좁아 물살이 빠른 곳)을 만들었는데 여울 근처의 마을이라 해서 '매여울'이라 부르고 이를 한자로 '梅灘'이라고 표기한 데서 비롯되었다. 그런데 梅(매)는 물의 고어를 한자로 표기한 것이다.

•••연습 문제

＊다음 한자의 훈과 음을 쓰시오.

1. 球 : _____

2. 溫 : _____

3. 測 : _____

4. 炭 : _____

＊다음의 훈과 음에 맞는 한자로 쓰시오.

1. 기운 기　: _____

2. 볼 관　　: _____

3. 재앙 재　: _____

4. 붉을 적　: _____

5. 내릴 강　: _____

6. 수준기 준 : _____

＊다음 한자어의 뜻을 쓰시오.

1. 異常　　: _____

2. 推測　　: _____

3. 上昇　　: _____

4. 地圖　　: _____

＊다음 한자어의 독음을 쓰시오.

1. 環境　　: _____

2. 汚染　　: _____

3. 效果　　: _____

4. 蹴球　　: _____

5. 節氣　　: _____

6. 集中豪雨 : _____

＊다음 한자성어의 독음과 뜻을 쓰시오.

桑田碧海 _____

* 다음 한자성어를 활용하여 하나의 문장을 만드시오.

守株待兎

|기초 학습과 심화 학습 확인하기|

기초 학습	심화 학습
1. 地球	1. 고리 환, 지경 경
2. 氣溫	2. 재앙 재, 재앙 앙
3. 氣象觀測	3. 더러울 오, 물들일 염
4. 上昇	4. 본받을 효, 실과 과
5. 下降	5. 사를 연, 되질할 료
6. 水準	6. 숯 탄, 흴 소
7. 異常	7. 사나울 폭, 불꽃 염
8. 集中豪雨	8. 떨어질 낙, 우레 뢰
9. 赤潮	9. 넓을 초, 작을 미, 가늘 세
10. 生態界	10. 따뜻할 온, 따뜻할 난, 될 화

제8강 미래

우리는 앞으로 어떤 미래를 살아가게 될까? 미래를 상상하는 많은 영화에서는 로봇이 등장하고 우주선을 타고 먼 우주를 탐험하기도 한다. 그리고 어떤 영화에서는 로봇의 공격을 받아 인류가 곤경에 빠지기도 한다. 미래 사회와 관련된 한자에는 어떤 것들이 있는지 살펴보자.

人工知能이 普遍化되면 우리의 삶을 많이 바꾸어 놓을 것이다. 便利함을 提供하는 것은 물론, 危險한 일도 代身하기 때문에 安全도 保障한다. 또한 常用化를 앞둔 自律走行 自動車의 境遇, 共有 서비스 産業이 함께 發達해 사람들이 車를 便利하게 利用할 수 있다는 長點이 있다. 이에 따라 自動車의 所有 槪念이 바뀌게 될 것이며, 現在 深刻한 問題로 擡頭되고 있는 大氣汚染과 같은 問題를 解決할 수 있을 것이라는 肯定的인 豫測도 存在한다.
그러나 自意識을 갖고 行動을 하는 人工知能이 나타난다면 人類에게 威脅이 될 可能性이 있다. 一例로, 人工知能에게 環境에 威脅이 되는 要素를 除去하라고 命令한다면, 人工知能은 環境에 가장 威脅的인 存在를 人間이라고 認識하기 때문에 人類를 없앨 수도 있는 것이다. 이러한 自意識을 가진 人工知能이 存在하지 않는 現在에도 人工知能은 우리에게 여러 否定的인 影響을 주고 있다. 앞서 言及한 自律走行 自動車의 境遇, 常用化가 된다면 여러 分野의 일자리 構造에 變化를 가져올 것이다. 또한 다보스포럼의 會長인 클라우드 슈밥의 말을 引用하자면, 4차 産業革命이 至今의 社會 兩極化 現象을 더욱 深化시킬 可能性도 있다.

위의 글은 4차 산업혁명이 가져올 긍정적 측면과 부정적 측면에 대한 글이다. 통신과학기술이 고도로 발달되어 인공지능에 의해 사람과 사물, 사물과 사물이 인터넷 통신망으로 연결되어 인간의 삶에 커다란 변화가 일어나는 것이 4차 산업혁명이다. 이러한 4차 산업으로 인간을 위험한 일이나 대기오염과 같은 문제에서 해방시켜 줄 것이라 예상하는 사람들과 사람들이 일자리를 빼앗기고 사회의 양극화가 심해질 것이라고 전망하는 사람들이 있다. 우리는 이번 강을 통해 미래와 관련된 한자를 알아보고 어떠한 미래 사회의 모습이 어떻게 변화되는 것이 좋을지 생각해 보도록 하자.

• 기초 학습
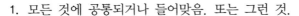

1. 모든 것에 공통되거나 들어맞음. 또는 그런 것.

[널리 **보**, 두루 **편**]

2. 무엇을 내주거나 갖다 바침.

[끌 **제**, 이바지할 **공**]

3. 생명이나 신체를 위태롭게 하여 안전하지 않음.

[위태로울 **위**, 험할 **험**]

4. 두려움이나 위험을 느끼게 함.

[위엄 **위**, 옆구리 **협**]

5. 해결하기 어렵거나 난처한 대상. 또는 그런 일.

[물을 **문**, 표제 **제**]

6. 머리를 쳐든다는 뜻으로, 어떤 세력이나 현상이 새롭게 나타남을 이르는 말.

[들 **대**, 머리 **두**]

7. 없애 버림.

[섬돌 **제**, 갈 **거**]

8. 컴퓨터에 시동, 정지, 계속, 입출력(入出力) 등의 실행을 위하여 동작을 지시함.

[목숨 **명**, 하여금 **령**]

9. 사물을 분별하고 판단하여 앎.

[알 **인**, 알 **식**]

10. 계산이나 문장 작성 따위의 지적 작업에서, 성취 정도에 따라 정하여지는 적응 능력.

[알 **지**, 능할 **능**]

知能은 계산이나 문장 작성과 같은 지적 작업에서, 성취 정도에 따라 정하여지는 적응 능력을 말한다.

知(알다 지)는 화살(矢: 화살 시)와 말(口: 입 구)의 결합으로 만들었다. 화살(矢)이 과녁을 꿰뚫듯 상황을 날카롭게 판단하고 의중을 정확하게 꿰뚫어 말(口)할 수 있는 능력이 '지식'에서 나옴을 뜻한다. 지식(知)이 세월(日: 날 일)을 지나야만 진정한 '지혜(智)'로 변한다. 知는 知識, 知慧(智慧), 感知, 通知, 認知 등의 한자어에 사용된다.

能(능할 능)은 곰의 머리(厶), 몸통(月), 다리(두 개의 匕)를 본떠 만들었다. 원래는 곰을 의미했지만 곰은 힘이 세고 영리해서 못하는 일이 없는 동물이기 때문에 '능하다', '능력'이라는 뜻을 갖게 되었다. 곰은 단군신화에도 등장한다. 호랑이는 참지 못하고 동굴을 뛰쳐나갔지만 곰은 견뎌내고 사람이 되었다. 곰의 발톱을 의미하는 灬(불 화)을 첨가해 곰의 뜻을 갖는 한자인 熊(곰 웅)을 새로 만들었다. 能은 能力, 可能, 機能, 能熟, 效能 등의 한자어에 사용된다.

問題는 해결책이 필요한 일을 말한다.

問(물을 문)은 口(입 구)와 門(문 문)이 합해져서 만들어졌다. 口는 말하다는 의미를 갖기 때문에 살피다. 힐문하다. 논란을 벌이다. 심문하다, 판결하다 등의 뜻이 나왔다. 訪問, 疑問, 質問, 學問, 審問 등의 한자어에 쓴다. 門과 耳(귀 이)가 합해지면 聞(들을 문)이 된다.

題(표제 제)는 是(옳을 시)와 頁(머리 혈)이 만나서 이루어졌다. 頁은 얼굴을 뜻하고, 是는 정면을 의미해 題는 이마의 뜻을 가졌다. 후에 변해서 題目처럼 드러나다, 問題, 署名 등의 의미도 갖게 되었다. 課題, 宿題, 論題, 解題 등의 한자어에 사용된다.

命令은 윗사람이나 상위 조직이 아랫사람이나 하위 조직에 무엇을 하게 한다는 뜻이다.

令(우두머리 령)은 모자를 쓰고(亼) 앉아 있는 사람(卩)의 모습이다. 令은 우두머리가 명령을 내리다는 뜻으로 쓰여 令狀, 法令, 號令의 한자어에 사용된다. 또한 假令, 設令에서는 가정의 뜻으로 쓰인다.

命(목숨 명)은 口(입 구)와 令(우두머리 령)의 합성으로 令에 口를 붙여 만든 글자이다. 그래서 우두머리의 입에서 나오는 명령을 의미한다. 또한 하늘의 명령에서 목숨이라는 뜻이 나왔다. 運命, 宿命, 壽命은 하늘의 명령과 관련이 있고, 任命, 使命은 우두머리의 명령과 관련이 있는 한자어이다.

1. 개인이 단말기를 들고 다니면서 통화할 수 있는 디지털 무선 전화기.

2. 기초가 되는 바탕. 또는 사물의 토대.

3. 둘 이상의 다른 현상 따위를 알맞게 조화하게 함을 비유적으로 이르는 말.

4. 물건이나 재화 따위를 모아서 쌓아 두거나 간수함. 또는 각종 자료나 컴퓨터 내부에서 계산 처리된
   결과를 주기억 장치나 보조 기억 장치에 기록해 둠으로써 그 내용을 보존하는 일.

5. 취미나 연구를 위하여 여러 가지 물건이나 재료를 찾아 모음. 또는 그 물건이나 재료.

6. 일정한 조건이나 환경 따위에 맞추어 응하거나 알맞게 됨.

適 應

7. 앞장서서 이끌거나 안내함.

先 導

8. 범위, 규모, 세력 따위를 늘려서 넓힘.

擴 張

9. 둘 이상의 사물을 서로 섞거나 조화시켜 하나로 합함.

融 合

10. 수나 양을 늘리어 더 강하게 함.

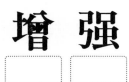

增 强

⊙ 주제 관련 한자 성어

養虎遺患 양호유환 [기를 양. 범 호. 남길 유. 근심 환]

호랑이를 길러 근심을 남기다. 남의 사정을 봐 주었다가 나중에 도리어 화를 입게 된다는 것을 비유하는 말이다. 근심이 될 만한 일들은 미리미리 해결하는 것이 좋겠다.

百年河清 백년하청 [흰 백. 해 년. 강 이름 하. 맑을 청]

河는 황하를 말한다. 황하가 맑아지기를 기다리는 일은 어렵다. 과학이 고도로 발달한 지금도 천재지변을 피할 수는 없다. 아무리 기다려도 이루어지기 힘든 일이나, 기대할 수 없는 일을 비유하는 말이다.

轉禍爲福 전화위복 [구를 전. 재화 화. 할 위. 복 복]

화가 변하여 복이 된다는 말이다. 재앙으로 생각했던 일이 나중에는 오히려 큰 행운이 되는 일이 있다. 실패한 실험이 오히려 새로운 발견으로 이어지는 일들도 있으니 말이다.

溫故知新 온고지신 [따뜻할 온. 옛 고. 알 지. 새 신]

옛것을 익히고 새것을 알다는 뜻이다. 세상은 빠르게 변하고 매일 새로운 정보와 기술이 쏟아지는 요즘이다. 새로운 무엇을 배우는 것은 그 이전에 있던 것들을 알아야만 더 잘 알게 되는 것 같다.

亡羊補牢 망양보뢰 [망할 망. 양 양. 기울 보. 우리 뢰]

양을 잃고서 우리를 고친다는 의미이다. 일을 실패한 뒤에 바로 수습을 하면 그래도 늦지는 않다는 것을 비유하는 말이다. 우리는 때때로 실패하게 된다. 그러한 실패를 통해 얻은 교훈은 오히려 우리의 삶을 더 단단하게 해 줄 것이다.

⊙ 알고보면 쓸모있는 한자 상식(TIP)

미래를 예측하는 일은 늘 어렵다. 새로운 것에 대해 도전하고 길을 여는 것도 용기가 필요하다. 한자는 동아시아문명권의 共同文語로 中世는 물론 지금도 계속 사용되고 있다. 그렇다고 중국에서 처음 만들어져 주변 국가로 널리 전파된 한자가 아무런 변화 없이 모두 똑같이 쓰인 것은 아니다. 한국만 하더라도 중국이나 일본에는 통용되지 않는 한자를 새롭게 만들어 사용한 것이 있다. 이를 國字라고 한다. 이것은 고유명사인 사람 이름이나 땅 이름을 표기하기 위하여 만든 것이다. 중국어로는 발음하기 어려운 '돌, 둘, 갈, 걸, 솔, 얼' 같은 소리를, 기존에 있던 한자에다가 '새 을(乙)'자를 아래에다 받침으로 붙여서 만들어 썼다. '乭, 乧, 乫, 乬, 乺, 乻'로. '논 답(畓)'자나 '쌀 쌀(㐘)'자도 우리 실정에 맞추어 만들어낸 우리나라 한자, 즉 국자였다.

⊙ 사방팔방 한자세상 – 예지동

豫知(미리 예, 알 지)는 어떤 일이 일어나기 전에 먼저 아는 것을 뜻한다. 그렇다면 예지동에 사는 사람들은 미래를 아는 사람들이 아닐까?

서울시 종로구의 예지동의 예지는 한자로 禮智(예도 예, 슬기 지)를 쓴다. 그래서 예지동의 사람들은 누구보다 예의가 바르고 슬기로운 사람일 것 같다. 인근에 조선시대 유학 교육기관인 동부학당이 자리하고 있어 유학의 대강(大綱)인 仁義·禮智·孝悌·忠信 덕목 가운데 예지를 따른 데서 유래하였다.

···연습 문제

＊다음 한자의 훈과 음을 쓰시오.

1. 危 : _____

2. 能 : _____

3. 題 : _____

4. 認 : _____

＊다음의 훈과 음에 맞는 한자로 쓰시오.

1. 물을 문 : _____

2. 옆구리 협 : _____

3. 말할 화 : _____

4. 목숨 명 : _____

5. 위엄 위 : _____

6. 굳셀 강 : _____

★다음 한자어의 뜻을 쓰시오.

1. 貯藏 : _____

2. 先導 : _____

3. 擴張 : _____

4. 蒐集 : _____

★다음 한자어의 독음을 쓰시오.

1. 擡頭 : _____

2. 融合 : _____

3. 普遍 : _____

4. 適應 : _____

5. 提供 : _____

6. 除去 : _____

★다음 한자성어의 독음과 뜻을 쓰시오.

溫故知新 _____

★[보기]의 한자성어를 활용하여 하나의 문장을 만드시오.

亡羊補牢

| 기초 학습과 심화 학습 확인하기 |

기초 학습	심화 학습
1. 普遍	1. 끌 휴, 띠 대, 번개 전, 말씀 화
2. 提供	2. 터 기, 소반 반
3. 危險	3. 사귈 접, 나무 목
4. 威脅	4. 쌓을 저, 감출 장
5. 問題	5. 꼭두서니 수, 모을 집
6. 擡頭	6. 갈 적, 응할 응
7. 除去	7. 먼저 선, 이끌 도
8. 命令	8. 넓힐 확, 베풀 장
9. 認識	9. 화할 융, 합할 합
10. 知能	10. 더할 증, 굳셀 강

우리는 인간으로 이 세상에 태어났다. 그렇지만 어떤 사람은 태어나면서부터 어려운 환경에 놓이기도 한다. 그가 지니고 있는 유전적이고 선천적인 특징 때문에 누군가에게 차별을 받거나 학대를 당하는 일은 없어져야 할 일이다. 이번 강에서는 인권과 관련된 한자를 알아보자.

제1조 모든 人間은 태어날 때부터 自由롭고, 尊嚴性과 權利에 있어서 平等하다. 人間은 天賦的으로 理性과 良心을 가지고 있으며 서로에게 兄弟愛의 精神으로 行動해야 한다.

제2조 모든 人間은 人種, 皮膚色, 性, 言語, 宗敎, 政治 또는 그 밖의 見解, 民族的 또는 社會的 出身, 財産, 家門 또는 다른 地位 등과 같은 그 어떤 種類의 區別도 없이, 이 宣言에 提示된 모든 權利와 自由를 누릴 資格이 있다.

더 나아가 各自가 속한 國家나 領土가 獨立國이건 信託統治 地域이건, 非自治 地域이건 또는 그 밖의 다른 어떤 主權上의 制限을 받고 있는 곳이건, 그 政治的・司法的・國際的 地位를 根據로 差別이 恣行되어서는 안 된다.

제3조 모든 人間은 生命權과 身體의 自由와 安全을 누릴 權利를 갖는다.

제6조 모든 人間은 어디에서나 法 앞에서 한 人格體로 認定받을 權利를 가진다.

제7조 모든 人間은 法 앞에 平等하며, 어떠한 差別도 받지 않고 法의 同等한 保護를 받을 權利를 갖는다. 모든 사람은 이 宣言을 違反하는 그 어떤 差別에 對해서도 또한 그러한 差別의 煽動에 대해서도 同等한 保護를 받을 權利를 갖는다.

제8조 모든 人間은 憲法 또는 法律이 附與하는 基本權을 侵害하는 行爲에 대해 該當 國家 法庭에서 有效한 救濟를 받을 權利를 가진다.

〈世界 人權 宣言〉

세계 인권 선언은 1948년 12월 10일 제3회 국제 연합 총회에서 채택된 것으로 제2차 세계 대전에서 발생한 인권 침해에 대해 반성하고 인간의 기본적인 권리 존중을 위한 선언이다. 세계인권선언은 30개의 조항을 통해 넓은 범위의 인권을 포괄하고 있다. 세계 인권 선언에 따르면, 모든 사람은 인간이라는 존엄성을 갖고 있기 때문에 동등하다. 그리고 이러한 인권은 모든 사람이 태어날 때 받는 권리이며, 선택된 자만이 받을 수 있는 특권도 아니라고 밝히고 있다.

하지만 세계 인권 선언을 채택한 지 반세기가 훨씬 지난 오늘날에도 인권 침해는 여전히 사회적 문제로 남아 있다. 갑의 횡포나 성에 따른 차별, 지위를 이용한 특권 등이 문제가 되고 있다. 그리고 인권은 사회가 발전함에 따라 새로운 문제가 제기되고 그럴 때마다 새로운 내용이 추가되고 변하기도 한다. 인권과 관련된 한자를 보면서 인간으로서의 삶을 생각하는 시간을 가져보는 것은 어떨까?

• 기초 학습

1. 인물이나 지위 따위가 감히 범할 수 없을 정도로 높고 엄숙함.

[높을 **존**, 엄할 **엄**]

2. 어떤 일을 주체적으로 자유롭게 처리하거나 타인에 대하여 당연히 주장하고 요구할 수 있는 자격이나 힘.

[저울추 **권**, 날카로울 **리**]

3. 권리나 의무, 신분 따위가 차별이 없이 고르고 한결같음.

[평평할 **평**, 가지런할 **등**]

4. 척추동물의 몸을 싸고 있는 조직. 신체 보호, 체온 조절, 배설, 피부 호흡 따위의 기능을 한다.

[ ][ ]

[가죽 **피**, 살갗 **부**]

5. 신이나 초자연적인 절대자 또는 힘에 대한 믿음을 통하여 인간 생활의 고뇌를 해결하고 삶의 궁극적인 의미를 추구하는 문화 체계.

[ ][ ]

[마루 **종**, 가르침 **교**]

6. 성질이나 종류에 따라 차이가 남. 또는 성질이나 종류에 따라 갈라놓음.

[ ][ ]

[지경 **구**, 나눌 **별**]

7. 국가나 집단이 자기의 방침, 의견, 주장 따위를 외부에 정식으로 표명함.

[ ][ ]

[베풀 **선**, 말씀 **언**]

8. 다른 것에 예속하거나 의존하지 아니하는 상태로 됨.

[ ][ ]

[홀로 **독**, 설 **립**]

9. 일정한 한도를 정하거나 그 한도를 넘지 못하게 막음.

[ ][ ]

[마를 **제**, 한계 **한**]

10. 침범하여 해를 끼침.

[침노할 **침**, 해칠 **해**]

權利는 인간으로서 당연히 가지는 기본적인 자격을 말한다.

權(저울추 권)은 木(나무 목)과 藋(황새 관)의 결합으로 만들었다. 權은 원래 노란 꽃이 피는 황화목(黃華木)을 가리키는 글자였다. 이후 변하여 양쪽의 평형을 잡아 무게를 재는 기구인 저울의 추를 뜻하게 되었다. 여기에 權勢나 權力, 政權, 執權, 權限, 權威, 覇權, 主權, 棄權, 越權 등의 한자어에서는 인간 사회의 힘이나 세력을 재는 기구라는 뜻을 담고 있다.

利(이로울 리)는 곡식(禾)를 자르는 칼(刂)에서 날카롭다는 뜻이 나왔다. 예리한 기구로 곡식을 수확하는 것이 더 좋기에 이롭다는 뜻도 나와 利益, 利害, 利得, 營利 등의 한자어에 쓰인다.

平等은 산스크리트어 'samamya(사마냐)'를 한자로 옮긴 것이다. 부처를 '모든 법의 평등한 진리를 깨달은 이'라는 뜻으로 평등각(平等覺)이라고 한다. 즉 평등은 세상 모든 만물의 본성은 차별 없이 고르고 한결같다는 뜻이다.

平(평평할 평)은 물에 뜻 수초(水草)를 본떴다는 설과 저울 위(干)에 올려진 두 물건(丿丶)을 본 떴다는 설이 있다. 둘 다 평평하다는 의미를 가져 平和 平均 平素 平準化 蕩平策 平衡 平穩, 平坦 등의 한자어를 만든다. 또한 平定하다라는 뜻으로도 사용한다.

等(가지런할 등)은 죽간을 의미하는 竹(대나무 죽)과 관청을 의미하는 寺(절 사)가 합하여 관리(官吏)가 서류를 정리하여 가지런히 하다는 뜻을 갖게 되었다. 후에 같게 하다와 구분하다, 기다리다의 뜻을 갖게 되어 等級, 劣等感, 均等, 差等, 對等, 優等, 等價 등의 한자어에 쓰인다.

尊嚴은 누구도 함부로 훼손할 수 없는 숭고함이다.

尊(높을 존)은 술단지를 뜻하는 酋(두목 추)와 손을 의미하는 寸(마디 촌)의 결합으로 만들어졌다. 즉 좋은 술을 두 손으로 높여서 받치는 모습을 의미하는 것에서 尊敬, 尊重의 뜻을 갖게 되었고 尊貴하다는 의미도 갖게 되었다.

嚴(엄할 엄)은 엄하다는 뜻의 吅(훤)과 음을 나타내는 厰(엄)을 결합해 만들었다. 엄하다는 뜻과 높다는 뜻을 가져 嚴格, 嚴肅, 威嚴, 峻嚴, 嚴罰, 嚴禁, 嚴命의 한자어에 쓰인다.

‥심화 학습

1. 나누어 줌.

2. 어떤 대상을 통제하기 위해 주의하여 지켜봄.

3. 남의 권리나 인격 등을 침해하여 짓밟음.

4. 죄나 잘못이 있는 사람에게 벌을 줌.

5. 밖으로부터 가해지는 힘에 굴복하여 따르지 않고 거역하거나 버팀.

6. 칡과 등나무가 서로 복잡하게 얽히는 것과 같이 개인이나 집단 사이에 의지나 처지, 이해관계 따위가 달라 서로 적대시하거나 충돌을 일으킴.

葛 藤

7. 허락하여 너그럽게 받아들임.

許 容

8. 일정한 신분이나 지위를 가지거나 일정한 일을 하는 데 필요한 조건이나 능력.

資 格

9. 어떤 사회적 관계나 태도로 대하는 일.

待 遇

10. 법이나 규칙이나 명령 따위로 어떤 행위를 하지 못하도록 함.

禁 止

⊙ 주제 관련 한자 성어

苛政猛於虎 가정맹어호[매울 **가**, 정사 **정**, 사나울 **맹**, 어조사 **어**, 범 **호**]

가혹한 정치는 호랑이보다 무섭다는 말로 가혹한 정치의 폐해를 비유하는 말이다. 좋은 정치가 얼마나 중요한 일인지 생각해 보게 하는 말이다. 혹시 정치에 관심이 있다면 깊이 새겨두면 좋겠다.

勸善懲惡 권선징악[권할 **권**, 착할 **선**, 혼날 **징**, 악할 **악**]

착한 일을 권장하고 악한 짓을 징계한다는 뜻이다. 우리가 어린 시절 읽었던 많은 동화에서 선인은 늘 해피엔딩의 결말, 악인은 항상 벌을 받았다. 현실에서도 그런 일이 반드시 일어나면 세상이 더 좋아질 것 같다.

同病相憐 동병상련 [같을 **동**, 병 **병**, 같을 **상**, 불쌍히 여길 **련**]

같은 병을 앓는 사람끼리 서로 불쌍히 여기다. 비슷한 처지에 처해 있거나 비슷한 고통을 겪는 사람끼리 서로를 불쌍히 여기고 서로 위해 주는 것을 비유하는 말이다. 이 세상을 살아가면서 공감 능력은 매우 중요하다. 옆에 있는 사람과 함께 슬퍼하고 기뻐하는 세상이 되면 좋겠다.

人面獸心 인면수심 [사람 **인**, 얼굴 **면**, 짐승 **수**, 마음 **심**]

사람의 얼굴을 하고 있으나 마음은 짐승과 같다는 뜻으로, 마음이나 행동이 몹시 흉악한 사람을 이르는 말. 아동학대, 데이트 폭력, 살인 등등 수많은 흉악 범죄가 끊이지 않는다. 혹시 동물보다 사람의 마음이 더 무서운 것은 아닐까?

苛斂誅求 가렴주구 [매울 **가**, 거둘 **렴**, 벨 **주**, 구할 **구**]

여러 명목의 세금을 가혹하게 억지로 거두어들여 백성의 재물을 무리하게 빼앗는 일. 조선 후기에 세금에 매우 가혹했다. 갓 태어난 남자아이나 이미 죽은 사람의 이름으로 세금을 걷기도 했다. 세금은 나라마다 조금씩 다르다. 국민들이 잘 살 수 있도록 적절한 세금을 걷는 것이 중요하다.

⊙ 알고보면 쓸모있는 한자 상식(TIP)

人權이란 쉽게 풀이하면 사람답게 사는 權利이다. 소설가 요산(樂山) 김정한(金廷漢, 1908~ 1996) 선생은 강연 자리에서건 어디서건 사람들을 만날 때마다 늘 '사람답게 살아라'는 말씀을 자주 외쳤다. 선생의 소설 〈山居族〉에도 "사람답게 살아라. 비록 苦痛스러울지라도 不義에 妥協한다든가 屈服해서는 안 된다. 그것은 사람이 갈 길이 아니다."라고 說破하였다. 사람답게 사는 길이 순탄하지만은 않다는 것, 그래서 결연한 의지와 부단한 노력이 필요하다는 것을 일깨워준다. 한자 학습도 마찬가지, 소기의 목표를 이루려면 의지와 노력이 필요하다. 그래서 한자 학습의 핵심 중 하나인 부수 공부를 해보는 것도 좋겠다. 우선 '사람'과 관련된 부수를 중심으로 人(亻, 사람 인/사람인변), 儿(어진사람 인/어진사람인발), 大(큰 대), 立(설 립), 士(선비 사), 女(계집 녀), 子(아들 자).

⊙ 사방팔방 한자 세상 – 낙원동

모두가 행복하게 살 수 있는 곳, 아무런 고통도 없는 곳. 그런 곳을 낙원(樂園)이라고 한다. 낙원동에 사는 사람들은 그래서 모두 행복한 삶을 살고 있을 것 같다.

서울시 종로구에 낙원동이 있다. 낙원동의 낙원은 바로 樂園(즐길 낙, 동산 원)이다. 이러한 명칭은 시내 중앙의 낙원지라 할 만한 탑골공원이 위치하고 있어서 '락(樂)'자를 따고, 이곳에 있던 원동(園洞, 종로구에 있던 원골이라는 마을)에서 '원(園)'자를 따서 합성한 데서 유래되었다. 낙원에는 악기 연주가 함께 하기 때문인지 낙원동에는 낙원악기상가가 유명하다.

···연습 문제

*다음 한자의 훈과 음을 쓰시오.

1. 膚 : _____

2. 抗 : _____

3. 等 : _____

4. 罰 : _____

★다음의 훈과 음에 맞는 한자로 쓰시오.

  1. 베풀 선 : _____

  2. 가르칠 교 : _____

  3. 나눌 별 : _____

  4. 볼 감   : _____

  5. 허락할 허 : _____

  6. 얼굴 용 : _____

★다음 한자어의 뜻을 쓰시오.

  1. 權利   : _____

  2. 資格   : _____

  3. 蹂躪   : _____

  4. 制限   : _____

★다음 한자어의 독음을 쓰시오.

  1. 禁止   : _____

  2. 侵害   : _____

  3. 賦與   : _____

  4. 尊嚴   : _____

  5. 待遇   : _____

  6. 葛藤   : _____

★다음 한자성어의 독음과 뜻을 쓰시오.

  苛斂誅求 _____

* [보기]의 한자성어를 활용하여 하나의 문장을 만드시오.

人面獸心

| 기초 학습과 심화 학습 확인하기 |

기초 학습	심화 학습
1. 尊嚴	1. 구실 부, 줄 여
2. 權利	2. 볼 감, 볼 시
3. 平等	3. 밟을 유, 짓밟을 린
4. 皮膚	4. 살 처, 죄 벌
5. 宗敎	5. 거스를 저, 막을 항
6. 區別	6. 칡 갈, 등나무 등
7. 宣言	7. 허락할 허, 얼굴 용
8. 獨立	8. 재물 자, 바로잡을 격
9. 制限	9. 기다릴 대, 만날 우
10. 侵害	10. 금할 금, 발 지

Chapter 4

내가 좋아하고
즐기는 것들

Chapter 4

제10강 음악

음악을 듣지 않는 사람은 없을 것이다. 시대가 달라지면서 사람들이 좋아하는 음악도 변화가 거듭되었다. 다수가 즐기는 현대 대중음악은 다양성과 실험성이 시도되는 동시에, 누구나 참여하고 즐기는 문화로도 확대되었다. 공감과 위로를 주는 가사가 있는 노래는 많은 사람들에게 오랫동안 사랑받기도 한다. 이번 장에서는 음악과 관련된 한자를 살펴보자.

힙합이 歌謠界의 强力한 主流로 떠오른 理由는 뭘까? 서정민갑 大衆音樂評論家는 最近 社會의 特性, 그 音響的 環境의 質感과 速度感을 첫째 原因으로 꼽았다. 여기에는 요즘 世代는 소리에 대한 感性 自體가 다르다는 前提가 따른다. 힙합에서 DJ가 만들어내는 電子 音響은 컴퓨터 게임 背景音樂이나 스마트폰 알림음에 익숙한 젊은이들의 感性에 들어맞는다. 이는 록이나 포크는 表現하지 못하는 質感이다. 수많은 情報가 瞬息間에 오가고 閱覽되는 기가 인터넷 時代에 걸맞게 랩의 速度感도 亦是 重要하다.

힙합 듀오 MC메타는 다음과 같이 말하고 있다.

"힙합의 出發點을 貧困과 抵抗으로 圖式化하기도 하지만, 사실 美國에서 胎動할 때부터 힙합은 젊은이들이 熱狂할 만한 새롭고 '쿨'한 멋을 最高로 치는 音樂이었다. 1980~1990年代만 해도 國內에서 消費할 거리가 되는 마니아 音樂은 록뿐이었다. 至今은 아이돌그룹에 한둘씩 래퍼가 있고 미디어에서도 래퍼를 많이 다룬다. MR과 마이크만 있으면 公演이 可能하다는 便利性도 있다. 요즘 大學 祝祭 出演陣을 보면 록 밴드 자리에 래퍼들이 大擧 들어와 있다."

랩은 憤怒나 慾望을 또래들의 赤裸裸한 言語로 表現한다는 점에서 共感을 산다. 노랫말을 들으며 一種의 代理滿足이나 카타르시스를 느끼는 사람도 많다. 이에 대해 서정민갑 大衆音樂評論家는 다음과 같은 意見을 提示했다.

"一部 지나치게 破壞的인 랩의 人氣는 우리 社會가 欲求의 正常的 實現이나 解消가 안 되는 神經症的 狀態에 있다는 걸 傍證하는 것일 수도 있다."

박영웅 외, 『K-POP으로 보는 대중문화 트렌드 2016』, 마리북스, 2015.

1980년대 미국의 할렘가에서 시작되었고 1990년대 말 우리나라에 들어온 힙합은 이제 가요계의 주류로 자리 잡았다. 래퍼들이 서로 배틀을 겨루는 텔레비전 프로그램이 인기를 끌고 있으며, 음원차트의 상위권에는 항상 힙합을 볼 수 있다. 그리고 대부분의 노래에는 힙합의 요소를 담고 있다. 이처럼 힙합은 이제 우리 가요계에서 큰 영향력을 발휘하고 있다.

그러나 때로는 지나치게 선정적이거나 공격적인 가사들로 문제가 되기도 한다. 좋은 음악이란 무엇일까? 음악과 관련된 한자를 보면서 음악이 우리의 삶에 어떤 영향을 미치는지도 생각해 보는 것은 어떨까?

• 기초 학습

1. 많은 사람들이 즐겨 듣거나 부를 수 있도록 만들어진 노래.

[노래 **가**, 노래 **요**]

2. 박자, 가락, 음성, 화성 따위를 갖가지 형식으로 조화시키고 결합하여, 목소리나 악기를 통하여 사상 또는 감정을 나타내는 예술.

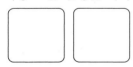

[소리 **음**, 풍류 **악**]

3. 물체가 나아가거나 일이 진행되는 빠르기의 느낌.

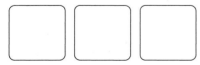

[빠를 **속**, 법도 **도**, 느낄 **감**]

4. 음전하를 가지고 원자핵의 주위를 도는 소립자의 하나.

[번개 **전**, 아들 **자**]

5. 책이나 문서 따위를 죽 훑어보거나 조사하면서 봄.

<table><tr><td></td><td></td></tr></table>

[검열할 **열**, 볼 **람**]

6. 음악, 무용, 연극 따위를 많은 사람 앞에서 보이는 일.

<table><tr><td></td><td></td></tr></table>

[공변될 **공**, 멀리흐를 **연**]

7. 축하하여 벌이는 큰 규모의 행사.

<table><tr><td></td><td></td></tr></table>

[빌 **축**, 제사 **제**]

8. 마음이 흡족함. 또는 모자람이 없이 넉넉함.

<table><tr><td></td><td></td></tr></table>

[찰 **만**, 발 **족**]

9. 조직, 질서, 관계 따위를 와해하거나 무너뜨림.

<table><tr><td></td><td></td></tr></table>

[깨뜨릴 **파**, 무너질 **괴**]

10. 사물·현상이 놓여 있는 모양이나 형편.

<table><tr><td></td><td></td></tr></table>

[현상 **상**, 모양 **태**]

歌謠는 대중들이 부르는 노래를 뜻한다.

歌(노래 가)는 哥(노래 가)와 欠(하품 흠)의 결합으로 이루어졌다. 欠은 하품을 하기 위해 입을 벌린 모양이다. 哥는 두 개의 可(옳을 가)로 만들었는데, 농사일을 하면서 부른 노래를 의미한다. 때문에 歌는 입을 벌려서 노래를 부르는 모습을 나타내 노래하다, 찬미하다의 뜻으로 쓴다. 歌手, 歌曲, 校歌, 悲歌, 讚歌, 詩歌, 歌詞 등의 한자어에 사용된다.

謠(노래 요)는 言(말씀 언)과 䍃(질그릇 요)의 결합으로 이루어졌다. 질그릇 등을 만들며 혼자 흥얼거리며 읊조리는 노랫가락의 뜻이다. 民謠, 童謠, 俗謠 등의 한자어에 쓰인다.

音樂은 소리에 의해 전달되는 예술이라고 한다. 그러한 소리는 악기라는 도구를 통해 만들어지기도 하고, 사람의 목소리에 의해 만들어지기도 한다.

音(소리 음)은 言(말씀 언)과 一(가로 획)으로 구성되었다. 言은 피리를, 一은 피리에서 나오는 소리를 형상화한 것이다. 그래서 소리, 음악, 소식 등의 뜻을 가져 音聲, 騷音, 雜音, 發音, 訓民正音 등의 한자어에 사용된다.

樂(풍류 악)은 木(나무 목)과 두 개의 幺(작을 요), 白(흰 백)으로 이루어졌다. 본래는 악기의 모양을 본 떠 木과 두 개의 幺로만 구성되었다. 후에 소리요소인 白이 더해졌다. 때문에 樂器나 음악의 뜻이다. 農樂, 絃樂, 管樂, 樂譜 등에 사용된다. 그런데 음악은 즐거움을 주는 것이기에 '즐겁다'의 뜻으로도 쓰여 娛樂, 樂觀, 樂園의 한자어를 만들고, 이 때는 낙(락)으로 읽는다. 또한 사람들이 음악을 좋아한다는 뜻에서 '좋아하다 요'로 사용한다. 대표적인 예는 산과 물을 좋아한다는 樂山樂水이다.

公演은 무대와 관객, 공연자가 있어야 이루어질 수 있다.

公(공변될 공)은 厶(사사 사, 私의 원래 글자)와 八(여덟 팔)로 이루어졌다. 八은 나누다 혹은 대칭되다는 의미가 있다. 사사로움(厶)과 대칭되는(八) 것은 공적인 것이다. 그렇기에 公은 한쪽으로 치우치지 않고 공평하다는 의미를 갖게 되었다. 公開, 公務, 公共, 公式, 公薦, 公約, 公布, 公園, 公職, 公募, 公休日 등의 한자어에 사용된다.

演(멀리 흐를 연)은 길게 늘어뜨린 장신구를 뜻하는 寅(셋째 지지 인)과 강물이 길게 흐르다는 뜻의 氵(물 수)의 결합으로 이루어졌다. 강물이 땅을 적셔 습윤하게 만들 듯 영향을 확대하다의 뜻을 갖게 되었다. 후에 끊임없이 변화하다 연출하다 등의 뜻이 나와 演劇, 再演, 演藝人, 演技, 出演, 競演 등의 한자어가 만들어졌다.

1. 관현악으로 연주되며 여러 악장으로 된 소나타 형식의 악곡.

2. 민속 음악에 속하는 기악 독주곡 형태의 하나.

3. 북을 치고 피리를 붊. 의견이나 사상 따위를 열렬히 주장하여 불어넣음.

4. 의견, 보고, 방송 따위를 들음.

5. 사물의 옳고 그름, 아름다움과 추함 따위를 분석하여 가치를 논함.

6. 무엇을 얻거나 무슨 일을 하고자 바라는 일.

7. 문화, 풍속, 제도 따위를 이어받아 계승함. 또는 그것을 물려주어 잇게 함.

8. 소리의 높낮이가 길이나 리듬과 어울려 나타나는 음의 흐름.

9. 일정한 법칙에 따른 화음의 연결.

和 聲

10. 국악에서 현악기를 연주할 때에, 왼손으로 줄을 짚고 흔들어서 여러 가지 꾸밈음을 냄. 또는 그런 기법.

⊙ 주제 관련 한자성어

亡國之音 망국지음 [망할 **망**. 나라 **국**. 갈 **지**. 소리 **음**]

나라를 망하게 하는 음악. 음란하고 사치한 음악과 망한 나라의 음악, 그리고 지나치게 애조(哀調)를 띤 음악을 말한다. 음악은 그 나라의 문화, 정치, 사상 등이 담기게 마련이다. 그런 까닭에 공자는 음악을 듣고 그 나라의 흥망을 예측하곤 했다. 지금 우리가 듣는 음악은 어떤 음악인가? 사람마다 다르겠지만 좋은 음악은 사람들에게 꿈과 희망을 주는 것 같다.

四面楚歌 사면초가 [넉 **사**. 낯 **면**. 땅 이름 **초**. 노래 **가**]

사방에 초(楚)나라 노랫소리로 궁지에 빠진 것을 비유하는 말이다. 초나라와 한나라의 전쟁 막바지에 초나라가 한나라에 포위되었다. 밤이면 한나라 군사들이 초나라의 노래를 불러 초나라 군사들이 전의를 상실하고 투항하는 일이 벌어졌고 결국 초나라는 패하고 말았다. 노래가 갖는 힘을 새삼 생각해 보게 하는 한자성어이다.

知音 지음 [알 **지**. 소리 **음**]

자기를 알아주는 참다운 벗을 비유하여 이르는 말이다. 옛날 거문고 연주의 대가인 백아와 그의 음악을 잘 알아주는 종자기가 있었다. 종자기가 먼저 죽자 백아는 거문고의 줄을 끊어버렸다고 한다. 정말 좋은 벗의 죽음이 갖는 슬픔을 잘 말해주는 이야기라고 할 수 있다.

對牛彈琴 대우탄금 [대답할 **대**. 소 **우**. 탄알 **탄**. 거문고 **금**]

소를 마주하여 거문고를 타다. 어리석은 사람은 마치 거문고를 타 소에게 들려주는 것같이 아무리 도리를 가르쳐도 알아듣지 못함을 비유하여 이르는 말이다. 하지만 이런 어리석은 사람을 포기하면 안 된다. 함께 살아가는 우리이기 때문이다. 그래도 참고 잘 가르쳐 주는 것이 필요하다.

吟風弄月 음풍농월 [노래할 **음**. 바람 **풍**. 희롱할 **롱**. 달 **월**]

바람을 노래하고 달을 희롱한다는 뜻으로, 바람과 달을 노래하며 즐긴다는 의미. 상당히 낭만적인 모습이다. 바쁘게 살아가는 우리는 바람과 달에게 감흥을 느끼지 못해 조금은 씁쓸하다.

⊙ 알고보면 쓸모있는 한자 상식(TIP)

"東海물과 白頭山이 마르고 닳도록 하느님이 保佑하사 우리나라 萬歲 無窮花 三千里 華麗

江山 大韓 사람 大韓으로 길이 保全하세"

한국인이라면 누구나 알고 있는 노래 愛國歌의 제1절 歌詞이다. 익숙한 노랫말이지만 그 뜻을 정확히 알기 위해서는 한자어 학습이 필요하다. 여기에서 保佑와 保全은 어떤 차이가 있을까? 보우는 '보살피고 도와준다'는 뜻이고, 보전은 '온전하게 보호해서 유지한다'는 뜻이다. 이것을 안다면 우리가 할 일은 분명해진다. 삼천리 한반도의 아름다운 국토강산을 대한민국 국민 스스로가 온전하게 보호하고 유지해야 한다는 내용이다. 음악이든 노래든 가락도 중요하지만 노랫말의 의미를 알고 이해하는 것도 필요하다는 것이다.

⊙ 사방팔방 한자 세상 - 가락동

가락은 소리의 높낮이가 길이나 리듬과 서로 어울려 이루어지는 음의 흐름이다. 가락은 한자음으로 加樂으로 쓰기도 한다. 그렇다면 가락동에 사는 사람들은 음악의 흥취를 잘 아는 사람이 아닐까?

서울시 송파구 가락동의 가락은 한자로 可樂으로 표기한다. 조선시대의 가락골이라는 마을 이름에서 유래되었다는 설과 예전에 한강이 범람하여 송파동 일대가 침수되자 주민들이 이곳으로 이주하여 '가히 살만한 땅' 즉 좋은 땅이라고 하여 可樂里라 부른 데서 유래되었다는 설이 있다.

지명의 유래처럼 좋은 땅이라서 그런지 이곳에는 가락시장이 있어 전국 각지의 농수산물이 모여든다. 그리고 얼마 전에는 대규모의 아파트 단지가 조성되어 많은 사람들이 이곳에서 살게 되었다.

···연습 문제

＊다음 한자의 훈과 음을 쓰시오.

　1. 響 : ＿＿＿＿＿＿＿＿

　2. 破 : ＿＿＿＿＿＿＿＿

　3. 覽 : ＿＿＿＿＿＿＿＿

4. 吹 : _____

* 다음의 훈과 음에 맞는 한자로 쓰시오.

   1. 노래 가   : _____

   2. 빌 축   : _____

   3. 모양 태   : _____

   4. 법 율   : _____

   5. 평할 평   : _____

   6. 구할 구   : _____

* 다음 한자어의 뜻을 쓰시오.

   1. 公演   : _____

   2. 散調   : _____

   3. 聽取   : _____

   4. 樂譜   : _____

* 다음 한자어의 독음을 쓰시오.

   1. 傳承   : _____

   2. 競演   : _____

   3. 童謠   : _____

   4. 公園   : _____

   5. 弄絃   : _____

   6. 和聲   : _____

＊다음 한자성어의 독음과 뜻을 쓰시오.

對牛彈琴 _____

＊[보기]의 한자성어를 활용하여 하나의 문장을 만드시오.

四面楚歌

_____

| 기초 학습과 심화 학습 확인하기 |

기초 학습	심화 학습
1. 歌謠	1. 사귈 교, 울림 향, 굽을 곡
2. 音樂	2. 흩을 산, 고를 조
3. 速度感	3. 북 고, 불 취
4. 電子	4. 들을 청, 취할 취
5. 閱覽	5. 칠 비, 평할 평
6. 公演	6. 하고자 할 욕/욕심 욕, 구할 구
7. 祝祭	7. 전할 전, 받들 승
8. 滿足	8. 돌 선, 법 율
9. 破壞	9. 화할 화, 소리 성
10. 狀態	10. 희롱할 농, 악기줄 현

제11강 미술

가장 기억에 남는 미술 작품은 무엇인가? 그 미술 작품의 첫인상은 어떠했는가? 미술은 그 자체로도 아름답지만 화가가 감상자에게 전달하고자 하는 의도를 작품에 내포하고 있다. 감상자는 그런 화가의 숨겨진 의도를 찾으며 감상을 즐길 수 있다. 또 때로는 감상자가 자신이 느끼는 대로 작품을 해석할 수 있다는 것도 미술 감상의 특징이라 할 수 있다. 이번 강에서는 미술과 관련된 한자를 살펴보자.

'우리가 알았던 샤갈과 달라요!' 觀客들의 所感은 비슷했다. 그들이 본 샤갈의 版畵 속엔 黑白톤의 細密한 線으로 찍힌 動物과 庶民, 英雄, 神들의 世上이 펼쳐져 있었다. 그들 群像은 奇妙한 行色과 動作으로 뒤얽혀 寓話와 聖畵로 構成된 版畵 100여 점의 이미지를 이루며 여러 이야기를 풀어낸다. 그 앞에 선 觀客들은 눈을 크게 뜨고 보기보다는 읽으려 했다. '사랑의 藝術家' '色彩의 大家'라고 흔히 일컬어온 러시아 出身의 巨匠畵家 마르크 샤갈(1887~1985)은 版畵들의 盛饌을 통해 그 內面世界를 펼쳐 보였다. 戀人이나 家族 觀客들은 소곤소곤 이야기를 나누며 大家를 再發見하는 感動에 젖어 들었다.

샤갈 作品으로는 歷代 最大 規模인 260여 점이 나온 이번 展示는 눈에 띄는 大型 作品들은 드물지만, 平生 떠돌이로 流浪했던 作家의 人生을 反映한 水彩, 油畵 小品과 版畵 連作 등 多彩로운 作業들이 많아 샤갈의 새로운 面貌를 알 수 있었다는 好評이 쏟아지고 있다.

出品作의 折半 以上은 國內 처음 紹介된 〈聖書〉〈라퐁텐寓話集〉 등의 版畵 揷畵 連作들이 次知한다. 각 作品마다 豊盛한 이야기 素材와 샤갈의 人間的인 內面世界가 담겨 있다. 특히 1930년대 프랑스 畵廊業者 볼라르의 注文을 받아 50년대까지 作業한 〈라퐁텐寓話集〉의 連作들은 斷然 拔群이다. 깊은 黑白 畵面 속에서 無數히 그은 잔선으로 描寫한 動物과 人間群像은 奇怪하고도 神祕롭다. 러시아 傳統 寓話에 心醉해 1910년대부터 揷畵 作業에 남다른 공을 들였던 샤갈은 〈라퐁텐寓話集〉 외에도 50년대 聖書 連作과 30년대 스페인 內戰을 素材로 文人 앙드레 말로와 共同作業한 〈大地에서〉 連作, 50~60년대의 〈詩〉 連作

등 挿畵用 石版・銅版畵를 통해 平和와 사랑을 渴求했던 靈的 志向을 뚜렷하게 드러낸다.

〈우리가 몰랐던 '흑백의 샤갈'…관객 8만명 넘겼다〉, 『한겨레 신문』, 2018년 7월 31일.

    위의 글은 샤갈(1887~1985)의 전시회가 이전과 달랐던 점을 중심으로 소개하고 있다. '색채의 대가'로 알려진 샤갈은 '마을과 나'나 '도시 위에서', '에펠탑의 신부'처럼 환상적인 주제를 화려한 색으로 그린 작가로 알려져 있다. 하지만, 윗글의 소개된 전시회에서는 그러한 화려한 그림이 아닌 흑백으로 표현된 판화 작품들을 보여주고 있다. 이러한 판화 작품은 우화집이나 성서의 삽화로 사용되기도 하였다.

    판화는 그 재료에 따라 동판화, 석판화 혹은 목판화 등으로 나눌 수 있다. 판화는 다른 그림과 달리 여러 번 동일한 작품을 찍어낼 수 있다는 점이 다르다. 그렇기 때문에 대량생산이 필요한 우화집과 성서에서 판화는 중요한 작업이었다. 이번 장에서는 미술과 관련된 한자어를 통해 미술을 보다 잘 이해할 수 있을 것이다.

• 기초 학습

1. 운동 경기, 공연, 영화 따위를 보거나 듣는 사람.

[볼 **관**, 손 **객**]

2. 나무, 수지, 금속, 돌 따위로 이루어진 판에 그림을 새기고 색을 칠한 뒤에, 종이나 천을 대고 찍어서 만든 그림.

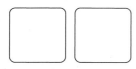

[널 **판**, 그림 **화**]

3. 회화나 조각에서, 여러 인물을 하나의 주제 아래 형상화한 작품.

[무리 **군**, 형상 **상**]

4. 예술 작품을 창작하거나 표현하는 것을 직업으로 하는 사람.

[심을 **예**, 꾀 **술**, 집 **가**]

5. 빛깔. 사물을 표현하거나 그것을 대하는 태도 따위에서 드러나는 일정한 경향이나 성질.

[빛 **색**, 무늬 **채**]

6. 예술, 과학 따위의 어느 일정 분야에서 특히 뛰어난 사람.

[클 **거**, 장인 **장**]

7. 예술 창작 활동으로 얻어지는 제작물.

[지을 **작**, 물건 **품**]

8. 여러 가지 물품을 한곳에 벌여 놓고 보임.

[펼 **전**, 보일 **시**]

9. 다른 것에 영향을 받아 어떤 현상이 나타남. 또는 어떤 현상을 나타냄.

[되돌릴 **반**, 비출 **영**]

10. 어떤 대상이나 사물, 현상 따위를 언어로 서술하거나 그림을 그려서 표현함.

[그릴 **묘**, 베낄 **사**]

版畵는 목판, 동판, 석판 등에 새겨서 찍은 그림을 말한다.

版(널 판)은 뜻과 관련이 있는 片(조각 편)과 소리에 관련이 있는 反(되돌릴 반)의 결합으로 이루어졌다. 옛날 성이나 담을 쌓을 때 흙을 다질 때 대던 널빤지를 이른다. 이러한 널빤지는 흙이 다져지면 떼었다가 다시 반복적으로 사용되었다. 그 때문에 반복적으로 사용하는 나무판자의 뜻이다. 番號版, 銅版 등의 한자어에 쓰인다. 그런데 이러한 나무판자는 활자 이전에 글을 새겨 인쇄하던 木版을 가리키게 되어 出版, 絕版, 版權, 改訂版 등의 한자어에 쓰이게 되었다.

畵(그림 화)는 갑골문에서는 붓(聿, 붓 율)으로 그림이나 도형을 그리는 모습이며, 그림이나 그림을 그리다의 뜻이 나왔다. 그래서 映畵, 畵面, 畵家, 揷畵, 水墨畵, 繪畵, 肖像畵, 畵報, 壁畵 등의 한자어에 사용된다. 금문에서는 농사지을 땅의 경계를 그리는 모습으로 변화되었다. 畵로 쓰기도 한다.

藝術은 일정한 재료와 양식, 기교에 의해 미를 창조하고 표현하는 활동을 말한다.

藝(심을 예)는 구름이 끼거나 흐린 날(云, 이를 운)에 나무를 심다(埶, 심을 예)의 뜻을 갖는다. 갑골문과 금문에서는 한 사람이 어린 묘목을 감싸 쥔 모습을 사실적으로 표현했다. 이후 땅의 의미가 더해져 土가 더해졌다. 후에 다시 풀의 뜻을 더해 ++가 합해졌다. 나무를 심는다는 뜻에서 나무를 심는 기술의 뜻이 나왔고, 文藝, 工藝, 書藝, 藝能, 技藝, 陶藝, 曲藝 등의 한자어에 사용된다.

術(꾀 술)은 길(行, 갈 행)에서 농작물(朮, 차조 출)을 사고파는 모습을 그린 것으로 추정되며, 물건을 사고팔 때 쌍방 모두 '꾀'와 '기술'이 필요했기에 '꾀'나 방법, 전술, 기술 등의 뜻이 나와 技術, 手術, 學術, 劍術, 術策, 話術, 占術 등의 한자어에서 사용된다.

色彩는 물체가 빛을 받을 때, 빛의 파장에 따라 그 표면에 나타나는 특유의 빛을 말한다.

色(빛 색)은 『설문해자』에서는 人(사람 인)과 卩(병부 절)로 구성되었고, '顔色(안색)'을 말한다고 했다. 色은 성애 과정에서 나타나는 흥분된 '얼굴색'이며, 이로부터 색깔은 물론 '성욕'과 여자의 용모, 기쁜 얼굴색, 정신의 혼미함 등의 뜻이 나왔다. 染色體, 綠色, 特色, 退色, 色調, 脫色, 色素, 單色, 色鉛筆, 潤色, 등의 한자어에 사용된다.

彩(무늬 채)는 손(爪, 손톱 조)으로 나무(木, 나무 목)의 과실을 따는 형상을 그린 采(캘 채)에 화사하게 비치는 햇살(彡, 터럭 삼)을 더해 만들었다. 여기에서 채색이나 색채, 주목을 받다 등의 뜻도 더해져 光彩, 彩度, 多彩, 油彩畵, 彩色畵 등의 한자어에 사용된다.

••심화 학습

1. 재료를 새기거나 깎아서 입체 형상을 만듦. 또는 그런 미술 분야. 주로 나무, 돌, 금속 따위로 만든다.

2. 자연이나 인생 및 예술 따위에 담긴 미의 본질과 구조를 해명하는 학문.

3. 사물이 지니고 있는 쓸모.

價 値

☐ ☐

4. 전혀 다른 것의 섞임이 없음.

純 粹

☐ ☐

5. 다른 것을 본뜨거나 본받음.

模 倣

☐ ☐

摸 倣

☐ ☐

6. 회화에서, 색의 농담이나 밝기의 정도를 이르는 말.

明 暗

☐ ☐

7. 작품에서, 주제를 뒷받침하는 시대적·사회적 환경이나 장소.

背 景

☐ ☐

8. 현상이나 사상, 행동 따위가 어떤 방향으로 기울어짐.

9. 기교와 방법을 아울러 이르는 말.

10. 기성의 예술 관념이나 형식을 부정하고 혁신적 예술을 주장한 예술 운동.

⊙ 주제 관련 한자 성어

畵龍點睛 화룡점정 [그림 **화**. 용 **룡**(용). 점 **점**. 눈동자 **정**]

용을 그리고 눈동자를 찍다. 사물의 가장 중요한 부분을 완성시키거나 끝손질을 하는 것을 비유하는 말이다. 심혈을 기울여 무엇인가를 완성하는 것은 참으로 멋진 일이다.

能書不擇筆 능서불택필 [능할 **능**. 글 **서**. 아니 **불**. 가릴 **택**. 붓 **필**]

글씨를 잘 쓰는 사람은 붓을 가리지 않는다. 재주가 있는 사람은 도구를 탓하지 않고 최선을 다한다. 물론 좋은 도구는 도움을 줄 수 있다. 하지만 우리 스스로 실력을 키우는 것이 우선일 것이다.

畵蛇添足 화사첨족 [그림 **화**. 뱀 **사**. 더할 **첨**. 발 **족**]

뱀을 그리고 발을 그리다. 하지 않아도 될 일을 쓸데없이 하다가 일을 그르치는 것을 비유하는 말이다. 필요 이상으로 무엇인가를 하려다가 오히려 일을 망친 경험이 있을 것이다. 지나친 것은 오히려 모자란 것만 못하다고 했다.

近朱者赤 근주자적 [가까울 **근**. 붉을 **주**. 사람 **자**. 붉을 **적**]

붉은색을 가까이하면 붉어진다. 주위 환경이 중요하다는 것을 이르는 말이다. 우리는 사회적 동물이라고 한다. 주변의 영향을 그만큼 많이 받는다는 말이다. 우리는 주위 사람들에게 어떤 사람인지 스스로 반성해 보는 것도 좋을 것이다. (=近墨者黑)

畵虎類狗 화호류구 [그림 **화**. 범 **호**. 무리 **유**. 개 **구**]

범을 그리려다가 강아지를 그린다는 뜻. 서툰 솜씨로 어렵고 특수한 일을 하려다가 잘못되는 것을 비유한 말. 우리가 잘할 수 있는 일이 많지만 때때로 잘하지 못하는 일을 무리하게 하다가 실패하게 되는 일도 많다. 스스로 잘하는 것이 무엇이고 못하는 것이 무엇인지 아는 일도 중요하다.

⊙ 알고보면 쓸모있는 한자 상식(TIP)

한자는 사물의 모양을 본뜨는 것으로 출발했는데 그래서 그림 문자의 성격을 지니고 있다. 붓글씨로 한자를 멋있게 쓴 것은 그림과 더불어 書畵라고 해서 藝術로 愛好되어 왔다. 지금 우리가 보는 한자의 모양도 오랜 세월 변화를 거치며 이루어진 결과이다. 한자 書體의 변천을 간단히 언급하면 이렇다. 갑골문(甲骨文) → 금문(金文) → 대전(大篆)·소전(小篆) → 예서(隸書) → 해서(楷書) → 행서(行書) → 초서(草書)

각 서체의 모습은 아래 그림을 참조하면 되겠다.

갑골　금문　대전　소전　예서　해서　행서　　초서

『세계의 문자』(세계문자연구회, 범우사, 1996)에서 뽑음

⊙ 사방팔방 한자 세상 – 화가리

畵家(그림 화, 집 가)들은 특정한 지역에 모여 작품 활동을 하는 것을 좋아하는 듯 하다. 우리나라에도 곳곳에 예술인 마을이 있으니 말이다. 그렇다면 화가리는 화가들이 사는 마을일 것도 같다.

전북 완산군 약산면 화가리의 화가는 한자로 花加(꽃 화, 더할 가)를 쓴다. 마을 이름을 처음에는 괭과리라고 했는데 꽃가루가 많고 지형이 꽃잎과 같이 생동한다고 해서 花加里로 불렀다고 한다. 지명의 유래를 보면 화가들이 모여서 꽃을 그릴만 한 곳으로 보인다.

···연습 문제

★다음 한자의 훈과 음을 쓰시오.

  1. 版 : _____

  2. 景 : _____

  3. 展 : _____

  4. 藝 : _____

★다음의 훈과 음에 맞는 한자로 쓰시오.

  1. 그림 화 : _____

  2. 어두울 암 : _____

  3. 비출 영 : _____

  4. 배울 학 : _____

  5. 장인 장 : _____

  6. 기울 경 : _____

★다음 한자어의 뜻을 쓰시오.

  1. 作品 : _____

  2. 價値 : _____

  3. 技法 : _____

  4. 純粹 : _____

＊다음 한자어의 독음을 쓰시오.

1. 群像 : _____

2. 彫刻 : _____

3. 描寫 : _____

4. 模倣 : _____

5. 反映 : _____

6. 前衛 : _____

＊다음 한자성어의 독음과 뜻을 쓰시오.

畵蛇添足 _____

＊[보기]의 한자성어를 활용하여 하나의 문장을 만드시오.

畵龍點睛

_____

|기초 학습과 심화 학습 확인하기|

기초 학습	심화 학습
1. 觀客	1. 새길 조/독수리 조, 새길 각
2. 版畵	2. 아름다울 미, 배울 학
3. 群像	3. 값 가, 값 치
4. 藝術家	4. 생사 순, 순수할 수
5. 色彩	5. 법 모/찾을 모, 본뜰 방
6. 巨匠	6. 밝을 명, 어두울 암
7. 作品	7. 등 배, 볕 경
8. 展示	8. 기울 경, 향할 향
9. 反映	9. 재주 기, 법 법
10. 描寫	10. 앞 전, 지킬 위

제12강 스포츠

지구촌은 해마다 여러 스포츠 이벤트로 들썩거린다. 월드컵, 올림픽처럼 전 세계의 많은 나라들이 참가하는 대회도 있고, EPL(잉글랜드 프리미엄 리그)이나 MLB(메이저 리그)와 같이 하나의 종목을 시즌 동안 치루는 리그 경기도 있다. 이러한 스포츠는 자신의 나라를 하나로 뭉치게 하기도 하고 국가 간 교류를 활발히 만들어주는 역할을 하기도 한다. 이번 강에서는 이러한 스포츠와 관련된 한자를 알아보도록 하자.

올여름 베트남에는 '박항서 熱風'이 몰아쳤다. 베트남 現地에서 韓國人 박항서 監督은 韓流스타 송중기와 맞먹는 人氣를 누린다.

박 감독은 베트남 代表飮食 쌀국수와 名匠 거스 히딩크 監督을 합해 '쌀딩크'라 불린다. 베트남 蹴球팬들이 "쌀딩크, 베트남으로 歸化해 주세요"라고 要請할 정도다. 首都 호찌민市民들은 박 監督을 '박 선생님'이라 부르는데, 베트남에서는 極尊稱이다.

박 監督이 이끄는 베트남 23세 이하(U-23) 蹴球代表팀은 지난 8월 자카르타·팔렘방 아시안게임 男子蹴球에서 4강 神話를 썼기 때문이다. 아시안게임 組別리그에서 强豪 日本을 꺾고 조 1위에 올랐다. 16강에서 바레인을 制壓했고 8강에서 시리아를 눌렀다. 베트남 蹴球 歷史上 처음으로 4강에 進出했다. 비록 祖國 韓國에 패하면서 疾走를 멈췄지만, 分明 偉大한 挑戰이었다. 앞서 박 監督은 지난 1월 아시아 23세 이하 챔피언십에서 準優勝을 이끈 데 이어 또 한 번 베트남을 熱狂의 도가니로 만들었다. '박항서 신드롬'은 颱風級으로 發展했다.

9월 2일 박 감독은 베트남 選手들과 特別機를 타고 베트남에 錦衣還鄉했다. 空港에서 消防車 2대가 쏘는 물대포 査閱을 받았다. 飛行機 앞에 깔린 레드카펫을 밟았다.

베트남 各地에서 蹴球代表팀을 위한 褒賞金만 1억 원 넘게 모였다. 응우옌 쑤언 푹 베트남 總理가 直接 박 監督을 激勵했다. 박항서 監督의 리더십을 다룬 册이 베트남에서 出刊됐는데, 불티나게 팔리고 있다.

〈베트남을 사로잡은 민간외교관 박항서〉, 『월간중앙』, 2018년 11월 17일.

위의 글은 베트남의 축구 영웅으로 떠오른 박항서 감독에 대한 기사이다. 박항서 감독은 2002년 월드컵 대표팀에서 수석코치를 맡았다. 그는 2017년부터 베트남 축구 대표팀의 감독을 맡으며 승승장구 중이다. 특히 베트남 축구팀을 최초로 아시안게임 4강에 올려 놓는 역사를 만들었다. 박항서 감독은 이후에도 동남아시아의 월드컵이라는 스즈키컵을 들어 올리며 베트남을 축구에 더욱 열광하게 만들었다. 이러한 박항서 감독의 활약으로 베트남에서 한국을 바라보는 시각이 아주 긍정적이라고 한다. 따라서 스포츠는 하나의 운동경기를 넘어서 외교적인 차원에서도 큰 힘을 발휘한다고 할 수 있다.

그런데 스포츠와 관련된 한자어를 보면, 전쟁과 관련된 용어들을 많이 볼 수 있다. 스포츠는 운동경기의 모습을 하고 있지만 그 속성은 전쟁에서의 대결과 승패가 담겨 있기 때문일 것이다. 이번 장에서는 스포츠와 관련된 한자어를 알아보도록 하자.

• 기초 학습

1. 영화나 연극, 운동 경기 따위에서 일의 전체를 지휘하며 실질적으로 책임을 맡은 사람.

[볼 **감**, 살펴볼 **독**]

2. 전체를 대표하는 사람.

[대신할 **대**, 겉 **표**]

3. 주로 발로 공을 차서 상대편의 골에 공을 많이 넣는 것으로 승부를 겨루는 경기. 11명이 팀을 이루며, 골키퍼 이외에는 손을 쓰면 안 되고 주로 머리와 발을 사용한다.

[찰 **축**, 공 **구**]

4. 절대적이고 획기적인 업적을 비유적으로 이르는 말.

[귀신 **신**, 말할 **화**]

5. 실력이나 힘이 뛰어나고 강한 사람. 또는 그런 집단.

[굳셀 **강**, 호걸 **호**]

6. 위력이나 위엄으로 세력이나 기세 따위를 억눌러서 통제함.

[마를 **제**, 누를 **압**]

7. 정면으로 맞서 싸움을 걺. 어려운 사업이나 기록 경신 따위에 맞섬을 비유적으로 이르는 말.

[휠 **도**, 싸울 **전**]

8. 운동 경기 따위에서, 우승 다음가는 등위를 차지함. 또는 그 등위.

[수준기 **준**, 넉넉할 **우**, 이길 **승**]

9. 운동 경기나 기술 따위에서, 기량이 뛰어나 많은 사람 가운데에서 대표로 뽑힌 사람. 또는 스포츠를 직업으로 하는 사람.

[가릴 **선**, 손 **수**]

10. 용기나 의욕이 솟아나도록 북돋워 줌.

[물결 부딪쳐 흐를 **격**, 힘쓸 **려**]

監督은 어떤 일을 잘못이 없도록 보살펴 단속하는 행동이나 그 일을 맡은 사람을 가리킨다. 여기에서는 축구팀을 지휘하고 전략을 짜는 사람을 의미한다. 감독은 이외에서 영화감독, 미술감독 등 다양한 분야에서 그 일을 관리하는 사람을 가리키는 말로 사용되고 있다.

監(볼 감)은 그릇(皿, 그릇 명)에 물을 담고 그 위로 얼굴을 비추어 보는 모습(覽, 볼 람)을 그렸다. 여기에서 거울, 다시 보다, 監視하다의 뜻이 나와 監査, 監獄, 監察, 收監, 監禁, 監修 등의 한자어에 사용된다.

督(살펴볼 독)은 目(눈 목)이 의미를 나타내고, 叔(아재비 숙)은 소리를 담당한다. 눈(目)으로 자세히 살펴봄을 말하며, 이로부터 감시하다, 감독하다, 바로잡다 등의 뜻이 더해져 督勵, 督促 등의 한자어에 쓰인다. 또한 음을 빌려 基督敎에 사용한다.

代表는 조직이나 집단을 대신하여 일을 하거나 생각들 드러나는 행위, 또는 그런 일을 하는 사람을 말한다. 이 장에서는 국가를 대신하여 뽑힌 운동선수를 의미한다.

代(대신할 대)는 人(사람 인)이 의미를, 弋(주살 익)이 소리를 담당한다. 다른 사람(人)으로 바꾸다는 뜻에서 교체하다. 代身하다 등의 뜻이 나와 代替, 代案, 代辯, 代價 등의 한자어에 사용된다. 또한 세월을 뜻하기도 해 稀代, 近代, 現代, 當代, 後代, 先代 등의 한자어에 사용된다. 表(겉 표)는 衣(옷 의)와 毛(털 모)로 이루어졌는데, 자형이 변해 지금의 모습을 갖게 되었다. 옛날에는 가죽옷을 입을 때 털 있는 부위를 밖으로 나오게 입었기 때문에 드러내다, 바깥이나 겉의 뜻을 갖게 되었다. 그래서 發表, 表現, 表明, 辭表, 出師表, 表意, 表裏 등의 한자어에 쓰인다.

挑戰은 정면으로 맞서 싸움을 걸다는 뜻이다. 대체로 어려운 일이나 이루기 힘든 일을 하기 위해 행동하는 것을 말한다.

挑(휠 도)는 손(手, 손 수)으로 남을 건드려서 일이 일어나게 挑發하는 것을 의미한다. 兆(조짐 조)는 소리를 담당한다. 挑戰, 挑發, 挑出 등의 단어에 쓰인다.

戰(싸울 전)은 사냥도구를 의미하는 單(홑 단)과 무기를 이용한 전쟁을 의미하는 戈(창 과)의 결합으로 구성된다. 單은 줄 끝에 돌구슬을 매달아 사냥감을 잡는 데 사용하였다. 單과 戈의 결합을 보면, 싸움은 사냥과 전쟁으로 시작된 것으로 생각할 수 있다. 그래서 戰爭, 戰略, 作戰, 冷戰, 戰線, 戰鬪, 戰慄, 休戰, 戰術, 開戰, 實戰, 激戰, 拙戰 등 전쟁이나 도전과 관련된 한자어에 사용된다.

‥심화 학습

1. 일정한 규칙 아래 기량과 기술을 겨룸. 또는 그런 일.

2. 어느 한쪽으로 기울거나 치우치지 아니하고 고른 상태.

3. 기본자세나 동작 따위를 되풀이하여 익힘.

4. 균형이 맞게 바로잡음. 또는 적당하게 맞추어 나감.

5. 여러 사람이 다 같이 지키기로 작정한 법칙. 또는 제정된 질서.

6. 운동 경기에서, 규칙의 적부 여부나 승부를 판정함. 또는 그런 일이나 사람.

7. 일의 차례를 따라 나아가는 과정.

8. 재빠르고 날쌔다.

9. 운동 경기 따위에서, 선수들이 힘을 낼 수 있도록 도와주는 일.

10. 정신적으로나 육체적으로 아무 탈이 없고 튼튼함. 또는 그런 상태.

健 康

☐ ☐

⊙ 주제 관련 한자 성어

臥薪嘗膽 와신상담 [엎드릴 **와**, 섶나무 **신**, 맛볼 **상**, 쓸개 **담**]

땔나무 위에 눕고, 쓸개를 맛보다. 원수를 갚기 위해 분발하는 것이나, 큰 뜻을 이루기 위해 분투하는 모습을 비유하는 말. 춘추시대의 오왕 부차와 월왕 구천과 관련된 한자성 어. 이런 큰 고통을 감내한다는 것은 정말 대단한 정신력이 필요한 일이겠다. 이런 사람은 무슨 일이든 성공할 것 같다.

切齒腐心 절치부심 [끊을 **절**, 이 **치**, 썩을 **부**, 마음 **심**]

이를 갈면서 속을 썩인다는 뜻. 매우 분하여 한을 품음을 이르는 말. 경기에서 패배한 경우 에 이런 마음을 갖게 된다. 이런 마음은 스스로를 더 발전시키는 원동력이 되기도 하지만 지나치면 선의의 경쟁을 해칠 수도 있으니 경계해야 한다.

衆寡不敵 중과부적 [무리 **중**, 적을 **과**, 아니 **부**, 원수 **적**]

적은 수로 많은 무리와 대적할 수 없음. 힘의 차이가 비교할 수 없을 정도로 커서 상대가 되지 못하는 것을 비유하는 말. 때때로 우리는 이러한 적과 싸우기도 한다. 어차피 질 싸움 이라도 끝까지 도전하는 것이 멋진 일이 아닐까?

破竹之勢 파죽지세 [깨뜨릴 **파**, 대나무 **죽**, 갈 **지**, 기세 **세**]

대나무를 쪼개는 기세. 세력이 강하여 적을 거침없이 물리치고 쳐들어가는 기세, 혹은 일 이 거침없이 잘 풀리는 모양을 비유하는 말. 기세라는 것은 참으로 무섭다. 약한 팀이 기세 가 오르면 강한 팀도 쉽게 무너뜨린다. 반대로 강한 팀이 기세가 꺾이면 약한 팀을 만나 졸전을 펼치며 패배하기도 한다.

起死回生 기사회생 [일어날 **기**, 죽을 **사**, 돌 **회**, 날 **생**]

죽은 사람을 일으키고 회생시킴. 죽을 위험에 처해 있다가 구출되거나, 역경을 이겨 내고 다시 일어나는 것을 비유하는 말. 정말로 죽은 사람을 살리는 것은 아니지만, 거의 패배로 결정날 수 있는 경기를 한 순간의 기회를 살려 승리로 이끄는 경우에 많이 사용한다.

⊙ 알고보면 쓸모있는 한자 상식(TIP)

스포츠 競技 중에서 人氣가 많은 종목은 각종 球技 종목일 것이다. 球가 둥근 공을 뜻하므로 구기는 공을 사용하는 스포츠를 통틀어서 이르는 말이다. 구기에 속하는 것으로는 蹴球 외에도 野球(야구), 排球(배구), 籠球(농구), 卓球(탁구), 庭球(정구), 撞球(당구), 避球(피구), 足球(족구), 氷球(빙구), 水球(수구) 등이 있다.

1998년 온라인 컴퓨터 게임인 〈스타크래프트〉가 출시된 이후에는 E-스포츠라는 분야가 새롭게 등장하여 각광을 받고 있다. 일반 스포츠에서도 그렇지만 E-스포츠에서도 그 사용되는 용어를 보면 전쟁과 관련된 어휘들이 많이 쓰이고 있는데 대부분은 한자어로 되어 있음을 알 수 있다. 小型, 中型, 大型, 被害, 武器, 振動, 爆發, 防禦網, 地上攻擊, 空中攻擊, 地形, 位置, 占有, 先占, 戰術, 機動性, 保護幕, 軍隊, 防禦, 戰略, 對戰, 資源, 探査, 逆襲, 視野 確保, 目的地, 移動, 命令語, 反擊, 障碍物, 埋伏, 偵察, 護衛, 部隊, 遂行, 巡察, 體力, 資源採取, 配置, 把握, 隊形, 全滅, 戰勢, 回復能力, 治癒, 兵士, 鑛山, 燃料, 行星, 枯渴, 投入, 特殊能力, 組合攻擊 등.

⊙ 사방팔방 한자 세상 – 작전동

운동경기에서 作戰(지을 작, 싸움 전)은 아주 중요하다. 이러한 작전은 감독을 비롯한 코치진이 수많은 자료를 바탕으로 상대팀을 분석하고 자신의 팀의 장점을 최대한 살리는 방향으로 짜여진다. 그렇다면 작전동에 사는 사람들은 엄청나게 운동을 잘하는 사람들이 살고 있는 곳일지도 모른다.

인천시 계양구 작전동의 작전은 鵲田(까치 작, 밭 전)으로 표기한다. 鵲田이란 작정리의 鵲과 화전리의 田을 합해 만든 이름이다. 鵲田을 직역하면 까치 밭이 된다. 아마도 작전동에는 까치가 아주 많을 것 같다.

···연습 문제

*다음 한자의 훈과 음을 쓰시오.

1. 表 : _____

2. 衡 : _____

3. 訓 : _____

4. 挑 : _____

*다음의 훈과 음에 맞는 한자로 쓰시오.

1. 말씀 화　　 : _____

2. 재주 기　　 : _____

3. 넉넉할 우 : _____

4. 마디 절　　 : _____

5. 누를 압　　 : _____

6. 법 규　　　 : _____

*다음 한자어의 뜻을 쓰시오.

1. 激勵 : _____

2. 審判 : _____

3. 健康 : _____

4. 監督 : _____

*다음 한자어의 독음을 쓰시오.

1. 敏捷 : _____

2. 選手 : _____

3. 段階 : _____

4. 應援 : _____

5. 戰術 : _____

6. 强豪 : _____

* 다음 한자성어의 독음과 뜻을 쓰시오.

臥薪嘗膽 _____

* [보기]의 한자성어를 활용하여 하나의 문장을 만드시오.

起死回生

_____

|기초 학습과 심화 학습 확인하기|

기초 학습	심화 학습
1. 監督	1. 겨룰 경, 재주 기
2. 代表	2. 고를 균, 저울대 형
3. 蹴球	3. 가르칠 훈, 익힐 련/불릴 련
4. 神話	4. 고를 조, 마디 절
5. 强豪	5. 법 규, 법칙 칙
6. 制壓	6. 살필 심, 판가름할 판
7. 挑戰	7. 구분 단, 섬돌 계
8. 準優勝	8. 재빠를 민, 이길 첩
9. 先手	9. 응할 응, 당길 원
10. 激勵	10. 튼튼할 건, 편안할 강

Chapter 5

내가 누리는
더 넓은 세상

Chapter 5

드라마나 영화, 연극에는 우리의 삶이 담겨 있다. 우리가 직접 경험한 것들도 있고, 경험하고 싶은 일들도 있다. 그리고 우리 사회에서 일어나는 일들에 대한 진실을 담고 있다. 이러한 드라마나 영화는 이제 우리나라에서만 시청하는 것이 아니라 전세계의 사람들도 시청할 수 있는 세상이 되었다. 그렇기 때문에 드라마나 영화는 국경을 넘어 우리 사회의 모습과 문화를 세계에 알리는 역할을 하기도 한다. 이번 강에서는 드라마/연극과 관련된 한자를 살펴보자.

〈祕密의 숲〉은 感情을 느끼지 못하는 主人公을 내세워 旣存 韓國 드라마의 文法과 絕緣하고, 專門性 높은 純粹 推理物을 만들겠다는 意志를 分明히 한다. 果然 모든 人物의 行動이 疑心스럽고 同時에 理性的으로 說明될 만큼 플롯이 緻密하다. 또한 檢警 組織의 얼개와 搜査 方式이 充實히 再現돼 장르 愛好家들이 즐기던 美國 드라마를 보는 듯한 快感이 있다.

韓國 장르物에서 로맨스 못지않은 弊端이 感情過剩이다. 映畫 〈公共의 賊〉, 〈殺人의 追憶〉, 〈追擊者〉 등에서 人間美 넘치는 主人公의 파토스가 觀客을 吸引했다. 투박한 熱情을 지닌 主人公의 맞은 편에 冷血한 사이코패스가 存在했다. 最近 장르物들이 巨大한 社會問題를 다루면서, 惡은 單純한 사이코패스가 아니라 冷血 組織으로 代替됐다. 假令 드라마 〈追跡子〉나 〈투윅스〉처럼 家族愛와 社會正義를 품은 主人公이 暴風 같은 파토스로 人間의 感情이 抹消된 組織的 惡과 맞서는 構圖가 자주 登場한다.

〈祕密의 숲〉은 그 構圖를 뒤집는다. 오히려 感情 없는 主人公에게 正義具顯의 機會가 주어진다. 犯人은 아직 드러나지 않았지만 檢察組織의 해묵은 非理와 얽혀 있다. 그 組織의 一員인 서동재(이준혁) 檢事를 보라. 그는 嫉妬, 憎惡, 復讐心, 貪慾, 野望, 두려움 등 五慾七情에 휩싸였으며 窮地에 몰리면 家族을 내세워 憐憫을 呼訴한다. 이것은 重要한 逆轉이다. 冷血 組織에 맞서는 人間美 넘치는 英雄 構圖가 아니라, 온갖 人間的 感情으로 들끓는 者들의 組織에 맞서는 차갑고 乾燥한 個人의 構圖는 새로운 善惡 觀念을 일깨운다. 뜨거운 가슴이 正義가 아니며, 그들이 모여 不義의 構造를 쌓을 수 있다.

황진미, 「뜨거운 불의, 차가운 정의」, 『한겨레21』, 2017년 7월 12일.

〈비밀의 숲〉은 2017년에 방영된 드라마이다. 윗글은 이 드라마가 갖는 특별함에 대해 이야기하고 있다. 〈비밀의 숲〉은 감정은 전혀 느끼지 못하는 주인공이 등장하고, 인간미 넘치는 영웅 구도를 뒤집고 있으며, 플롯이 치밀하다는 점 등을 들어 기존의 한국드라마와는 다른 추리물이라고 한다. 〈비밀의 숲〉은 그 어떤 드라마보다 사회 문제를 직접적으로 꼬집고, 왜 그것이 문제인가를 집요하게 보여주었다. 또한 매 장면에 사건의 단서가 숨어있기 때문에 집중해서 보지 않으면 안 되는 드라마이기도 했다.

이처럼 드라마는 그 시대를 반영하고 그 시대의 문제를 다루기도 한다. 요즘 가장 인기 있는 드라마는 무엇인가? 그 드라마가 인기 있는 이유는 무엇일까? 이번 강에서는 드라마나 영화와 관련된 한자어를 살펴보도록 하자.

• 기초 학습

1. 숨기어 남에게 드러내거나 알리지 말아야 할 일.

[귀신 **비**, 빽빽할 **밀**]

2. 연극, 영화, 소설 따위에서 사건의 중심이 되는 인물.

[주인 **주**, 사람 **인**, 공변될 **공**]

3. 어떠한 목적을 실현하기 위하여 자발적으로 의식적인 행동을 하게 하는 내적 욕구.

[뜻 **의**, 뜻 **지**]

4. 확실히 알 수 없어서 믿지 못하는 마음.

[의심할 **의**, 마음 **심**]

5. 빨아들이거나 끌어당김.

[숨 들이쉴 **흡**, 끌 **인**]

6. 그림에서 모양, 색깔, 위치 따위의 짜임새.

[얽을 **구**, 그림 **도**]

7. 무대나 연단 따위에 나옴. 어떤 사건이나 분야에서 새로운 제품이나 현상, 인물 등이 세상에 처음으로 나옴.

[오를 **등**, 마당 **장**]

8. 중앙 행정 기관의 하나. 법무부 소속으로 검사의 검찰 사무를 맡아본다.

[봉함 **검**, 살필 **찰**]

9. 원수를 갚음.

[돌아올 **복**, 원수 **수**]

10. 지혜와 재능이 뛰어나고 용맹하여 보통 사람이 하기 어려운 일을 해내는 사람.

[꽃부리 **영**, 수컷 **웅**]

意志는 어떤 일을 이루려는 적극적인 마음이다.

意(뜻 의)는 心(마음 심)과 音(소리 음)을 합한 글자로 마음의 소리를 표현하여 뜻, 의지, 생각하다를 의미한다. 그래서 意味, 意識, 意見, 合意, 意圖, 決意, 創意, 弔意 등의 한자어에 쓰인다. 志(뜻 지)는 본래 뜻을 나타내는 心과 소리를 담당하는 之(갈 지)의 결합으로 이루어졌다. 즉 마음이 가는 곳이 뜻이라는 의미였다. 후에 之가 士(선비 사)로 바뀌면서 선비의 마음이라는 뜻으로 변해 志操, 志願, 三國志, 同志, 志向 등의 한자어에 사용한다.

登場은 사물이나 이론, 인물 등이 새로이 세상에 나온다는 뜻이다. 여기에서는 무대나 드라마에 작중 인물이 일정한 역할을 띠고 나타나는 것을 의미한다.

登(오를 등)은 굽 높은 제기(豆, 콩 두)에 담긴 음식이나 곡식을 신전으로 가져가(𣥠, 등질 발) 드리는 모습을 나타낸다. 여기에서 올리다, 오르다, 장부에 기록하다 등의 의미가 나왔다. 登攀, 登校, 登錄, 登載, 登記郵便 등의 한자어에 사용한다.

場(마당 장)은 흙(土)을 쌓아 만든 평평한 땅에서 태양신(昜, 볕 양)에게 제사를 지냈던 것에서 유래한 것으로 본다. 여기에서 극장이나 시장처럼 사람이 많이 모이는 場所를 가리키게 되어 市場, 職場, 退場, 賣場, 劇場, 駐車場 등의 한자어에 사용한다.

英雄은 사회의 이상적 가치를 실현하거나 그 가치를 대표할 만한 사람 혹은 지혜와 용기가 뛰어나 대중을 이끌고 세상을 경륜할 만한 인물을 가리킨다. 여기에서는 드라마나 영화에서 자신의 희생을 감수하고 선한 행동을 작가나 감독의 가치관을 보여주는 인물이라고 할 수 있다.

英(꽃부리 영)은 원래 식물의 꽃을 의미했는데 꽃이란 식물(艸, 풀 초)에서 가장 중요하고 핵심적인 부분(央, 가운데 앙)이라는 인식에서 뛰어난 사람, 아름다운 문장의 비유 등으로도 사용되어 英才, 英敏, 英特 등의 한자어에 쓰인다.

雄(숫컷 웅)은 새(隹, 새 추)의 수컷을 가리킨다. 수컷은 팔뚝(厷, 팔뚝 굉)처럼 강함을 특징으로 한다고 보아 힘이 있다, 걸출하다, 뛰어나다로 쓰여 雄辯, 雄壯, 雌雄, 雄飛, 群雄, 雄據, 大雄殿, 雄志, 聖雄 등의 한자어에 쓰인다.

··심화 학습

1. 노래, 춤, 연극 따위를 하기 위하여 객석 정면에 만들어 놓은 단.

2. 연극이나 영화 따위에 등장하는 인물로 분장하여 연기를 하는 사람.

3. 공연 상영 따위가 상업적으로 큰 수익을 거둠.

4. 사람들 입에 오르내려 전하여 들리는 말.

5. 사람, 사물, 풍경 따위를 사진이나 영화로 찍음.

6. 상품이나 서비스에 대한 정보를 여러 가지 매체를 통하여 소비자에게 널리 알리는 의도적인 활동.

7. 연극이나 영화를 만들기 위하여 쓴 글.

8. 배우에게 역할을 나누어 맡기는 일. 또는 그 역할.

9. 어떤 일이 마무리되는 끝.

10. 희곡에서, 비극적인 결말을 이르는 말.

⊙ 주제 관련 한자 성어

改過遷善 개과천선 [고칠 **개**, 지날 **과**, 옮길 **천**, 착할 **선**]

지난날의 잘못을 뉘우치고 고쳐 착하게 됨. 2014년 드라마의 제목이기도 하다. 부조리했던 변호사가 사고 이후 새로운 삶을 살면 정의를 실현한다는 내용이다. 過는 지나다는 뜻도 있지만 잘못을 의미하기도 한다. 우리는 누구나 잘못을 할 수 있다. 잘못을 알고 스스로 고쳐 나가는 것이 정말 멋진 사람이 아닐까?

錦衣還鄉 금의환향 [비단 **금**, 옷 **의**, 돌아올 **환**, 시골 **향**]

비단옷을 입고 고향에 돌아온다는 뜻으로, 벼슬을 하거나 크게 성공하여 고향에 돌아옴을 비유적으로 이르는 말. 영화나 드라마에서 주인공이 큰 성공을 거두고 보란 듯이 돌아오는 모습을 자주 볼 수 있다. 우리는 주인공에게 감정이입을 하게 되어 주인공의 성공을 통해 카다르시스를 느끼기도 한다.

奇想天外 기상천외 [기이할 **기**, 생각 **상**, 하늘 **천**, 밖 **외**]

생각이나 착상이 보통 사람은 쉽게 상상할 수 없을 정도로 엉뚱하고 기발함. 다른 사람들이 생각할 수 없는 이야기나 상황을 담고 있는 작품을 우리는 흥미롭게 본다. 해리포터 이야기나 스타워즈, 어벤저스 같은 작품들은 기상천외한 상상력이 잘 담겨 있다.

相思病 상사병 [서로 **상**, 생각 **사**, 병 **병**]

마음에 둔 사람을 몹시 그리워한 나머지 생기는 마음의 병. 많은 영화와 드라마는 두 남녀의 사랑을 다룬다. 때로 주인공이 상사병에 빠져 자신을 파멸이나 죽음으로 내몰기도 한다.

逆鱗 역린 [거스를 **역**, 비늘 **린**]

뜻 거슬러 난 비늘. 군주의 노여움을 비유하는 말. 2014년 현빈과 조정석이 출연한 영화로 정조 즉위와 그를 암살하려는 음모를 다루고 있다. 역린이란 단어 자체가 임금의 화를 표현하는 말이라 영화의 의미를 잘 드러낸다고 볼 수 있다. 역사를 소재로 다루는 영화는 역사에 대한 새로운 진실을 보여주고 있어 흥미를 준다.

⊙ 알고보면 쓸모있는 한자 상식(TIP)

영화는 누구나 즐기는 娛樂이자 藝術인데, 西歐에서 먼저 출발하는 바람에 관련되는 용어들은 유럽 쪽의 것이 대부분이다. 하지만 최근에는 한국 영화가 海外에서 善戰을 하며 내용적인 측면에서 한국 문화를 알리는데 크게 기여를 하고 있다. 〈寄生蟲〉과 〈미나리〉 그리고 최근 넷플릭스 드라마 〈오징어게임〉 등은 '1인치(字幕)'의 언어 장벽을 뛰어넘는 좋은 사례가 되고 있다. 같은 한자문화권인 중국에서는 외래어를 적극적으로 한자화하여 수용하고 있는데 그 예를 보이면 다음과 같다. 코미디→喜劇(희극), 드라마→戱劇(희극)/劇情(극정), 액션→動作 (동작)/武打(무타), 스릴러→刺激(자격), 환타지→科幻(과환), 호러→恐怖(공포), 다큐멘터리→紀彔(기록)/記實(기실), 느와르→黑社會(흑사회), 에로→性愛(성애)/色情(색정), 멜로 →情感(정감)/愛情(애정), 컬트→崇拜(숭배), 패러디→諷刺(풍자), 로드무비→歷險(역험) 영화 등.

◉ 사방팔방 한자 세상 – 영화동

사람들이 누구나 쉽게 여가생활을 즐길 수 있는 곳 중의 하나가 영화관이다. 영화동은 그러한 영화관이 셀 수 없지 않은 곳일 것 같다. 아니면 영화를 무료로 보여주는 동네일지도 모른다.

수원시 장안구 영화동의 영화는 迎華(맞이할 영, 꽃 화)를 쓴다. 이러한 지명은 그곳에 있는 亭子(정자 정, 아들 자)의 이름에서 유래하였다. 우리가 생각하는 映畵가 아니라서 아쉬울 수도 있다. 하지만 『정조실록』의 기록에 따르면 정조가 亭子의 이름을 迎華라 지은 것으로 나온다. 왕과 관련된 지명이니 이 마을의 사람들은 상당한 자긍심이 있을 것이다. 그리고 이곳에 방문을 하면 누군가 꽃을 들고 맞이해 줄 것도 같다.

···연습 문제

*다음 한자의 훈과 음을 쓰시오.

  1. 密 : _____

  2. 結 : _____

  3. 配 : _____

  4. 圖 : _____

★다음의 훈과 음에 맞는 한자로 쓰시오.

1. 끌 인   : _____

2. 들을 문   : _____

3. 뜻 의   : _____

4. 넓을 광   : _____

5. 다리 각   : _____

6. 수컷 웅   : _____

★다음 한자어의 뜻을 쓰시오.

1. 登場   : _____

2. 興行   : _____

3. 俳優   : _____

4. 復讐   : _____

★다음 한자어의 독음을 쓰시오.

1. 檢察   : _____

2. 志操   : _____

3. 撮影   : _____

4. 舞臺   : _____

5. 疑心   : _____

6. 破局   : _____

★다음 한자성어의 독음과 뜻을 쓰시오.

逆鱗 _____

★ [보기]의 한자성어를 활용하여 하나의 문장을 만드시오.

錦衣還鄕

| 기초 학습과 심화 학습 확인하기 |

기초 학습	심화 학습
1. 秘/祕密	1. 춤출 무, 돈대 대
2. 主人公	2. 광대 배, 넉넉할 우
3. 意志	3. 일 홍, 갈 행
4. 疑心	4. 바 소, 들을 문
5. 吸引	5. 취할 촬, 그림자 영
6. 構圖	6. 넓을 광, 알릴 고
7. 登場	7. 다리 각, 근본 본
8. 檢察	8. 아내 배, 부릴 역
9. 復讐	9. 맺을 결, 끝 말
10. 英雄	10. 깨뜨릴 파, 판 국

제14강 여행

우리는 바쁜 일상에서 벗어나고 싶을 때 여행을 꿈꾸곤 한다. 이러한 여행은 우리나라를 벗어나 세계여행으로 확대되기도 한다. 다른 나라에 여행을 간다는 것은 그 나라를 이해하는 좋은 방법이 되기도 한다. 여행을 가 본 적이 있는가? 어떤 곳에 여행을 다녀왔는가? 여행을 통해 무엇을 배웠는가? 여행 경험이 없다면 어떤 여행을 꿈꾸는가? 여행은 새로운 경험과 낭만을 주기도 하지만, 휴식과 자아 성찰도 가능하게 한다. 이번 강에서는 여행과 관련된 한자를 살펴보자.

암스테르담의 스히폴 空港에 내려 터미널 안으로 不過 몇 걸음을 떼어놓았을 때 나는 天障에 걸린 案內板의 모습에 깜짝 놀란다. 그것은 入國者 待合室, 出口, 換乘 手續 窓口로 가는 길을 알려주는 案內板이다. 밝은 노란색 바탕에, 높이는 1미터, 가로는 2미터 크기다. 디자인은 單純하다. 불을 밝힌 알루미늄 箱子 안에 든 플라스틱 看板일 뿐이다. 이 箱子는 電線과 空氣 循環用 관들이 거미줄처럼 얽힌 天障의 鋼鐵 버팀대에 매달려 있다. 그 單純함에도 不拘하고, 甚至於 그 世俗性에도 不拘하고, 이 看板은 나에게 즐거움을 준다. 一般的인 境遇는 아니지만, 異國的이라는 形容詞가 어울릴 것 같은 즐거움이다. 異國的 情緒는 特定한 곳에서 나온다. Aankomst(到着)에서 a를 두 개 쓰는 것에, Uitgang(出口)에서 u와 i가 잇달아 나오는 것에, 外國語 밑에 英語가 쓰여 있는 것에, '接受臺'라는 말을 쓸 곳에 balies라고 쓰는 것에, 프루티거체나 유니버스체 같은 實用的이면서도 모더니즘 냄새가 나는 글자체를 使用한 것에.

그 案內板이 나에게 眞情한 기쁨을 준다면, 그것은 한편으로는 내가 다른 곳에 到着했다는 첫 번째 決定的인 證據를 提供하기 때문일 것이다. 보통 사람들의 눈으로 區別할 수 없을지 모르지만, 英國의 案內板은 絶大 그런 식이 아니다. 英國에서라면 노란색이 좀 옅을 것이고, 活字體는 노스탤지어를 불러일으키는 부드러운 쪽이었을 것이고, 外國 사람들이야 混亂을 느끼건 말건 外國語 表記는 하지 않을 것이고, 글자에 a가 二重으로 들어가지는 않을 것이다. 특히 이 a의 反復에서 나는 다른 歷史, 다른 思考方式의 存在를 느끼며 混亂을 經驗한다.

알랭 드 보통, 정영목 옮김, 「이국적인 것에 대하여」, 『여행의 기술』, 청미래, 2011.

윗글은 『왜 나는 너를 사랑하는가』, 『불안』 등으로 잘 알려진 알랭 드 보통의 여행에 대한 수필의 한 부분이다. 이 글에서 알랭 드 보통은 공항에 도착해 마주하게 된 이국적인 느낌을 통해 여행이 주는 낯섦에 대해서 말하고 있다. 이러한 낯섦은 혼란스럽기도 하지만 새로움이 주는 기대감도 담겨 있기 마련이다. 알랭 드 보통은 낯선 곳에 왔다는 것을 알려주는 안내판을 보며 다른 역사와 다른 사고방식을 느낀다고 한다. 우리가 새로운 곳을 여행하는 것은 다름을 배우는 것은 아닐까?

• 기초 학습

1. 항공 수송을 위하여 사용하는 공공용 비행장.

[빌 **공**, 항구 **항**]

2. 어떤 내용을 소개하거나 사정 따위를 알리는 판.

[책상 **안**, 안 **내**, 널빤지 **판**]

3. 공공시설에서 손님이 기다리며 머물 수 있도록 마련한 곳.

[기다릴 **대**, 합할 **합**, 집 **실**]

4. 다른 노선이나 교통수단으로 갈아탐.

[바꿀 **환**, 탈 **승**]

5. 어떤 일을 수행하거나 처리하기 전에 거쳐야 할 과정이나 단계.

[손 **수**, 이을 **속**]

6. 기관, 상점, 영업소 따위에서 이름이나 판매 상품, 업종 따위를 써서 사람들의 눈에 잘 뜨이게 걸거나 붙이는 표지.

[볼 **간**, 널빤지 **판**]

7. 목적한 곳에 다다름.

[이를 **도**, 붙을 **착**]

8. 뒤죽박죽이 되어 어지럽고 질서가 없음.

[섞을 **혼**, 어지러울 **란**]

9. 인류 사회의 변천과 흥망의 과정. 또는 그 기록.

[지낼 **역**, 역사 **사**]

10. 자신이 실제로 해 보거나 겪어 봄. 또는 거기서 얻은 지식이나 기능.

[날 **경**, 증험할 **험**]

空港은 승객이나 화물을 수송하기 위하여 비행기가 이착륙할 수 있는 시설을 갖춘 곳이다.

空(빌 공)은 공구(工, 장인 공)로 황토 언덕에 굴(穴, 구멍 혈)을 파 만든 공간을 뜻하며, 이후에는 큰 공간인 하늘과 텅 빔, 틈 등의 뜻으로도 사용한다. 空中, 眞空, 空冊, 空席, 空室, 空想, 空氣과 같은 한자어에 사용된다.

港(항구 항)은 물길(氵, 물 수)이 닿아 있는 거리(巷, 거리 항)로 항구를 의미한다. 港口, 港灣, 貿易港 등에 사용한다.

換乘은 다른 노선이나 교통수단으로 갈아타는 것을 말한다.

원래 바꾸다는 뜻으로 奐(빛날 환)을 사용하였는데, 이후 손(手)을 더하여 換(바꿀 환)을 바꾸다, 교환하다, 변환하다로 사용하고, 奐은 빛나다로 사용하게 되었다. 轉換, 換率, 交換, 換算, 變換 등의 한자어에 쓰인다.

乘(탈 승)은 나무(木) 위에 발을 크게 벌리고 올라서 사람(大)의 모습이다. 여기에서 오르다, 타다 등의 뜻이 나왔다. 乘客, 乘用車, 搭乘, 便乘, 乘船 등의 한자어에 사용된다.

到着은 목적한 장소에 이르는 것을 의미한다. 그러나 여행에서 도착은 또 다른 출발을 의미하기도 한다.

도착하다는 의미로는 원래 화살(矢)이 땅(一)에 꽂힌 모습인 至(이를지)를 사용하다가 至가 지극하다는 의미로 자주 사용되어 刀(칼 도)를 더해 到(이를 도)를 사용하게 되었다. 到達, 殺到, 到來, 當到의 한자어에 사용된다.

着(붙을 착)은 원래 著(분명할 저)로 艸(풀 초)가 뜻을, 者(사람 자)가 소리를 담당하는 글자였다. 지금은 윗부분이 羊(양 양)으로, 아랫부분은 目(눈 목)으로 변했다. 그래서 풀이 뿌리를 내리듯 어떤 물체에 들러붙다, 부착하다, 접근하다, 시작하다 등의 뜻을 갖는다. 癒着, 執着, 定着, 膠着, 着陸, 裝着 등의 한자어에 사용된다.

1. 현장에 가서 직접 보고 조사함.

2. 동력으로 프로펠러를 돌리거나 연소 가스를 내뿜는 힘에 의하여 생기는 양력(揚力)을 이용하여 공중으로 떠서 날아다니는 항공기.

3. 구경하는 손님을 태우고 다니는 배.

4. 기관차에 여객차나 화물차를 연결하여 궤도 위를 운행하는 차량.

汽 車

5. 앞으로 할 일의 절차, 방법, 규모 따위를 미리 헤아려 작정함. 또는 그 내용.

6. 객지에 가서 머물러 있음.

滯 留
□ □

7. 이미 지불한 돈을 되돌려줌.

還 拂
□ □

8. 치료하여 병을 낫게 함.

治 癒
□ □

9. 외국을 여행하는 사람의 신분이나 국적을 증명하고 상대국에 그 보호를 의뢰하는 문서.

旅 券
□ □

10. 여관이나 호텔 따위에서 잠을 자고 머무름.

宿 泊
□ □

⊙ 주제 관련 한자 성어

樂不思蜀 악불사촉 [즐거울 **낙**. 아니 **불**. 생각 **사**. 촉나라 **촉**]

즐거워서 촉나라 생각이 나지 않는다. 향락을 탐하여 근본을 잊는 것을 비유한 말. 유비의 아들인 유선과 관련된 한자성어. 나라가 멸망한 후 낙양에서 즐겁게 지내는 유선의 모습을 빗댄 말. 때때로 우리는 작은 즐거움에 빠져 반드시 해야 할 일을 잊고 만다. 물론 여행을 떠나 그곳의 풍경에 빠져 고향을 잠시 잊는 것은 좋은 일이다.

武陵桃源 무릉도원 [굳셀 **무**, 큰 언덕 **릉**, 복숭아나무 **도**, 근원 **원**]

최선의 상태를 갖춘 완전한 사회나, 경치나 분위기가 아주 좋은 곳을 비유하는 말. (=桃源境). 도연명의 〈도화원기〉에 나옴. 아름다운 경치를 보게 되면 우리는 마치 현실 세계를 벗어난 곳에 있는 것이 아닌가 하는 환상에 빠지곤 한다. 진정한 무릉도원은 노력한 만큼의 댓가를 받으며 자신의 삶을 스스로 만들어 갈 수 있는 그런 곳이 아닐까?

走馬看山 주마간산 [달릴 **주**, 말 **마**, 볼 **간**, 뫼 **산**]

말을 타고 달리며 산천을 구경한다는 뜻으로, 사물을 자세히 살펴보지 않고 겉만을 바삐 대충 보는 것을 비유적으로 이르는 말. 우리는 여행을 계획할 때 가능한 많은 곳을 보려고 욕심을 낸다. 이런 경우 시간에 쫓겨 여행지가 갖는 의미를 충분히 즐길 수 없는 경우가 많다. 다양한 곳을 구경하는 것도 좋겠지만 꼭 가야할 곳에 조금 더 머물며 추억을 만드는 것이 더 좋은 것은 아닐까?

廬山眞面目 여산진면목 [오두막집 **여**, 뫼 **산**, 참 **진**, 얼굴 **면**, 눈 **목**]

여산(廬山)의 참모습. 사물의 진상을 알기 어렵다는 것을 비유하는 말. 소식의 싯구. 어떤 일에 대한 진실을 아는 것이 쉬운 일이 아니다. 여행과 관련해 이야기하자면, 우리가 여행지를 선택할 때는 충분히 정보를 찾아보는 것이 좋다. 아는 만큼 본다는 말이 있다. 그곳에 대한 정보를 알고 간다면 더 많은 것을 보면서 즐거운 여행을 할 수 있다.

百聞不如一見 백문불여일견 [일백 **백**, 들을 **문**, 아니 **불**, 같을 **여**, 하나 **일**, 볼 **견**]

백 번 듣는 것이 한 번 보는 것만 못하다. 무엇이든지 경험해야 확실히 알 수 있다는 말. 여행의 의미를 잘 보여주는 한자성어라고 할 수 있다. 특정 지역이나 나라의 문화를 가장 잘 이해할 수 있는 방법은 여행일 것이다.

⊙ 알고보면 쓸모있는 한자 상식(TIP)

여행은 늘 自身을 省察하는 계기와 삶의 活力素가 되고 더 나은 성장을 위한 營養素와 같아서 국내외 어디를 가든 좋지 않을 수가 없다. 이제 코로나로 인한 격리와 봉쇄가 풀릴 날도 멀지 않았으니 紙上으로나마 계획을 잘 세웠다가 마음껏 넓은 세상을 누리도록 하자.

먼저 국내 편은 國立公園의 한자 소개. 北漢山(북한산), 雪嶽山(설악산), 五臺山(오대산), 雉嶽山(치악산), 鷄龍山(계룡산), 月嶽山(월악산), 俗離山(속리산), 內藏山(내장산), 德裕山(덕유산), 月出山(월출산), 小白山(소백산), 周旺山(주왕산), 伽倻山(가야산), 智異山(지리산), 漢羅山(한라산), 慶州(경주), 泰安海岸(태안해안), 邊山半島(변산반도), 閑麗海上(한려해상), 多島海海上(다도해해상) 등 방방곡곡 철마다 갈 곳도 많다. 눈을 세계로 돌리면 五大洋(오대양) 六大洲(육대주)가 눈앞에 펼쳐진다. 太平洋(태평양), 大西洋(대서양), 印度洋(인도양), 北氷洋(북빙양), 南氷洋(남빙양), 亞細亞洲[아시아], 阿洲[아프리카], 歐羅巴洲[유럽], 北美洲[북아메리카], 南美洲[남아메리카], 大洋洲[오세아니아].

⊙ 사방팔방 한자 세상 – 입석동

우리는 가끔 여행을 떠난다. 오랜 계획을 세워 여행을 준비하는 경우도 있지만, 때로는 즉흥적으로 훌쩍 떠나는 여행도 있다. 이런 여행은 때로는 우리에게 시련을 주기도 한다. 예를 들면, 편히 앉아서 갈 수 있는 기차표나 버스표를 구하지 못해서 立席(설 립, 자리 석)으로 긴 시간을 서서 가야 하는 경우도 생길 수 있다. 그렇기에 입석동은 왠지 서서 가야 하는 마을일 것 같다.

전북 김제시 입석동의 입석은 立石(설 립, 돌 석)으로 쓴다. 즉 마을에 선돌이 있어서 붙여진 이름이다. 4호선에서 볼 수 있는 선바위도 비슷한 이름이다.

···연습 문제

*다음 한자의 훈과 음을 쓰시오.

  1. 港 : _____

  2. 汽 : _____

  3. 續 : _____

  4. 癒 : _____

* 다음의 훈과 음에 맞는 한자로 쓰시오.

   1. 빌 공   : _____

   2. 배 댈 박 : _____

   3. 꾀 계   : _____

   4. 붙을 착 : _____

   5. 틀 기   : _____

   6. 볼 간   : _____

* 다음 한자어의 뜻을 쓰시오.

   1. 換乘   : _____

   2. 還拂   : _____

   3. 旅券   : _____

   4. 混亂   : _____

* 다음 한자어의 독음을 쓰시오.

   1. 經驗   : _____

   2. 踏査   : _____

   3. 歷史   : _____

   4. 遊覽船 : _____

   5. 待合室 : _____

   6. 滯留   : _____

* 다음 한자성어의 독음과 뜻을 쓰시오.

   盧山眞面目 _____

* [보기]의 한자성어를 활용하여 하나의 문장을 만드시오.

百聞不如一見

| 기초 학습과 심화 학습 확인하기 |

기초 학습	심화 학습
1. 空港	1. 밟을 답, 사실할 사
2. 案內板	2. 날 비, 다닐 행, 틀 기
3. 待合室	3. 놀 유, 볼 람, 배 선
4. 換乘	4. 김 기, 차 차
5. 手續	5. 꾀 계, 그을 획
6. 看板	6. 막힐 체, 머무를 류
7. 到着	7. 돌아올 환, 떨 불
8. 混亂	8. 다스릴 치, 병나을 유
9. 歷史	9. 군사 여, 문서 권
10. 經驗	10. 묵을 숙, 배 댈 박

제15강 지구촌

2019년 말, 지구촌에는 상상하지 못했던 상황이 발생하였다. 21세기에 감염병의 시대라니……. 전 세계 사람들이 아직도 그 터널 속에서 종식이라는 희망을 간절히 바라며 일상을 견뎌내고 있는 중이다. 아무도 예상조차 하지 못한 위기의 순간을 맞이하고 우왕좌왕하던 시간을 지나 여러 방역 수칙들을 지키며 각자의 자리에서 고군분투 중이다. 코로나, 팬데믹, 감염병, 뉴노멀, 언택트 등……. 매일 뉴스와 기사들을 도배하고 있는 단어들이다. 세계적인 학자인 유발하라리가 2020년 10월에 '21세기 스토리'라는 세션으로 강연을 했는데, 강연 내용의 일부를 발췌하여 함께 보도록 하자.

　過去에 人類는 코로나바이러스보다 훨씬 큰 威脅을 成功的으로 克服했다. 14세기를 예로 들어보면, 黑死病으로 아시아와 유럽 인구의 4분이 1에서 절반 가량이 사망했다. 이에 비하면 코로나는 흑사병보다 훨씬 덜 위협적이다. 그리고 더 중요한 사실은 우리가 14세기 사람들보다 훨씬 統合돼 있기에 훨씬 강인하다는 것이다.

　하지만 분명 우려해야 할 이유도 있다. 코로나19는 그 자체만으로 인류를 破壞할 수 없다. 하지만 인류를 파괴시킬 수 있는 세 가지 危機가 존재한다. 바로 핵전쟁과 생태학적 붕괴와 人工知能과 같은 파괴적 技術의 부상이다. 이 세 가지가 우리 시대의 가장 결정적인 문제이며, 모든 國家에 影響을 주는 문제이다. 그리고 셋 중 어느 한 문제도 한 국가의 힘만으로는 解決할 수 없다.

　바이러스 자체는 인류를 파괴할 수 없지만, 국가 간 긴장을 높여 핵전쟁과 생태계 붕괴와 파괴적 기술에 효과적인 對應을 어렵게 만들 수 있다는 것이다. 21세기 生存은 글로벌 協力 强化에 달렸다. 안타깝게도 오늘날 일부 정치인은 의도적으로 글로벌 협력체계를 弱化시키려고 한다.

　내셔널리즘이란 외국인을 嫌惡하는 게 아니라, 자기 나라 사람을 사랑하는 것을 뜻한다. 21세기에는 自國民의 安全과 繁榮을 지키기 위해서라도 外國人과 반드시 협력해야 한다.

그래서 진정한 내셔널리즘을 추구하는 사람이라면 글로벌리즘도 마찬가지로 추구해야 한다. 우리는 현 위기를 대응하는 데 있어 憎惡와 貪慾과 無知를 조장하지 않아도 된다. 憐憫, 너그러움, 智慧를 선택할 수 있다. 음모론이 아닌 과학을 믿는 선택을 할 수 있다. 외국인을 죄악시하는 대신, 협력의 대상으로 바라볼 수 있다. 또 우리가 가진 것을 온전히 우리를 위해서만 사용하지 않고, 他人과 나누며 위기에 대응할 수 있다. 만일 우리가 이렇게 긍정적으로 코로나에 대응한다면, 현 위기를 훨씬 쉽게 이겨내고, 위기 이후 훨씬 나은 世上에 살게 될 것이다.

유발하라리, 〈21세기 스토리〉, SBS D포럼 강연 일부, 2020.10. 30. (취재파일에서 발췌)

인류에게 닥친 위기의 순간, 지금 우리에게 필요한 것은 개개인의 노력과 더불어 협력이 필요해 보인다. 인류 역사상 이전에도 감염병이 도래했던 적이 있지만, 그때와 지금은 상황이 많이 다르다는 것을 알 수 있다. 감염병 시대 그리고 그 이후에 중요하게 여겨야 할 기후 변화, 인공 지능 등의 문제 역시도 함께 인지하며 21세기를 슬기롭게 대처해나갈 협력의 힘이 필요하다. 다변화하고 있는 글로벌 시대와 연관 있는 단어들을, 예시문에 나타난 한자어를 중심으로 살펴보자.

• 기초 학습

1. 힘을 합하여 서로 도움.

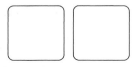

[화합할 **협**, 노력 **력**]

2. 모두 합쳐 하나로 만들다. 여러 요소들이 조직되어 하나의 전체를 이룸.

[거느릴 **통**, 합할 **합**]

3. 위험한 고비나 시기.

　　□ □

　　[위태할 **위**, 틀 **기**]

4. 힘으로 으르고 협박함.

　　□ □

　　[위엄 **위**, 위협할 **협**]

5. 때려 부수거나 깨뜨려 헐어 버리다.

　　□ □

　　[깨뜨릴 **파**, 무너질 **괴**]

6. 싫어하고 미워함.

　　□ □

　　[싫어할 **혐**, 미워할 **오**]

7. 악조건이나 고생 따위를 이겨 냄.

　　□ □

　　[이길 **극**, 옷 **복**]

8. 마주 대함. 어떤 일이나 사태에 맞추어 태도나 행동을 취함. 어떤 두 대상이 주어진 어떤 관계에 의하여 서로 짝이 되는 일.

　　□ □

　　[대할 **대**, 응할 **응**]

9. 번성하고 영화롭게 됨.

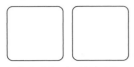

[번성할 **번**, 영화 **영**]

10. 일정한 영토와 거기에 사는 사람들로 구성되고, 주권(主權)에 의한 하나의 통치 조직을 가지고 있는 사회 집단.

[나라 **국**, 집 **가**]

　앞서 살펴봤던 유발하라리의 강연 내용 중에도 언급되었던 것처럼, 21세기의 우리는 매우 개인화되어있는 것처럼 보이지만, 어느 때보다 협력하고 있다. 글로벌 시대를 살아가는 우리에게는 협력과 소통의 힘이 매우 중요할 것이다. 예시문에 나왔던 한자어 중에 協과 合에 대해 구체적으로 보자.

　協(협력할 협)은 '화합하다'나 '돕다', '협력하다'라는 뜻을 가진 글자이다. 協은 十(열 십)자와 세 개의 力(힘 력)자가 결합한 모습이다. 力자는 '힘'이라는 뜻이 있지만, 본래는 밭을 가는 농기구를 그린 것이다. 그런데 協자의 갑골문을 보면 세 개의 力자만이 그려져 있었다. 이것은 '힘을 합치다'라는 뜻의 劦(힘 합할 협)자이다. 劦자는 농기구를 들고 여럿이 힘을 합쳐 밭일한다는 뜻이었다. 소전에서는 여기에 十자가 추가되었는데, 이것은 여럿이 하나의 목표에 협력한다는 의미를 더하기 위해서였다.

　合(합할 합)은 '합하다'나 '모으다', '적합하다'라는 뜻을 가진 글자이다. 合자는 亼(삼합 집)자와 口(입 구)자가 결합한 모습이다. 合자는 口자가 부수로 지정되어 있지만 '입'하고는 아무 관계가 없다. 合자의 갑골문을 보면 뚜껑이 있는 찬합이 그려져 있었기 때문이다. 合자는 이렇게 뚜껑과 그릇이 함께 결합하는 모습으로 그려져 '합하다'라는 뜻을 표현하고 있다.

우리 앞으로 살아가면서 추구해야할 요소들과 관련된 한자어를 더 살펴보도록 하자.

1. 평온하고 화목함.

2. 서로 도우며 함께 살다.

3. 위험이 생기거나 사고가 날 염려가 없음. 또는 그런 상태.

4. 사람, 생각을 하고 언어를 사용하며, 도구를 만들어 쓰고 사회를 이루어 사는 동물.

5. 사람의 힘이 더해지지 아니하고 세상에 스스로 존재하거나 우주에 저절로 이루어지는 모든 존재나 상태.

6. 높이어 귀중하게 여기다.

7. 막히지 아니하고 잘 통함, 뜻이 서로 통하여 오해가 없음.

8. 근원이 다른 물줄기가 서로 섞이어 흐름. 또는 그런 줄기. 문화나 사상 따위가 서로 통함.

9. 사회 생활이나 행동 또는 목적 따위를 같이하는 집단.

10. 사리를 분별하여 해석함, 깨달아 앎. 또는 잘 알아서 받아들임.

⊙ 주제 관련 한자성어

有備無患 유비무환[있을 **유**, 갖출 **비**, 없을 **무**, 근심 **환**]
준비가 있으면 근심이 없다, 미리 준비가 되어 있으면 뒷걱정이 없다는 뜻.

塞翁之馬 새옹지마[변방 **새**, 늙은이 **옹**, 갈 **지**, 말 **마**]
인생의 길흉화복은 변화가 많아서 예측하기가 어렵다는 말.
옛날에 새옹이 기르던 말이 오랑캐 땅으로 달아나서 노인이 낙심하였는데, 그 후에 달아났던 말이 준마를 한 필 끌고 와서 그 덕분에 훌륭한 말을 얻게 되었다. 그러나 아들이 그 준마를 타다가 떨어져서 다리가 부러졌으므로 노인이 다시 낙심하였다. 그로 인하여 아들이 전쟁에 끌려 나가지 아니하고 죽음을 면할 수 있었다는 이야기에서 유래한다.

橘化爲枳 귤화위지[귤 **귤**, 될 **화**, 할 **위**, 탱자 **지**]
강남(江南)의 귤을 강북(江北)에 심으면 탱자가 된다는 뜻으로, 사람도 환경에 따라 기질이 변한다는 말.

榮枯盛衰 영고성쇠[영화 **영**, 마를 **고**, 성할 **성**, 쇠할 **쇠**]
인생이나 사물의 번성함과 쇠락함이 서로 바뀜.

易地思之 역지사지[바꿀 **역**, 땅 **지**, 생각 **사**, 갈 **지**]
처지를 서로 바꾸어 생각함이란 뜻으로, 상대방의 처지에서 생각해봄.

四海同胞 사해동포[넉 **사**, 바다 **해**, 한가지 **동**, 세포 **포**]
온 세상 사람이 모두 형제와 같다는 뜻으로, 친밀함을 이르는 말.

⊙ 알고 보면 쓸모 있는 한자 지식

현 시대는 그 어느 때 보다 地球村 국가 간의 協力이 요구되고 있다. 팬데믹 같은 위기 상황에서 共生하기 위해서는 협력을 해야 하고 협력을 위해서는 相互 理解가 우선되어야 한다. 文化的 差異에 대한 접근은 言語的 疏通에서부터 시작할 수 있다. 그런 의미에서 세계 각국의 한자 이름부터 익히도록 하자. 불란서/법국/법란서(佛蘭西/法國/法蘭西, France), 독일/덕국/덕의지(獨逸/德國/德意志, Deutschland), 의태리(義太利, Italy), 서반아(西班牙, Spain), 화란(和蘭, Netherlands), 파란(波蘭, Poland), 영국(英國, England), 미국(美國, America), 희랍

(希臘, Greece), 애급(埃及, Egypt), 아라사/로서아(我羅斯/魯西亞, Russia), 백이의(白耳義, Belgïe), 토이기(土耳其, Turkey), 단맥(丹麥, Denmark), 흉아리(凶牙利, Hungary), 포도아(葡萄牙, Portugal), 서전(瑞典, Sweden), 서서(瑞西, Suisse), 아비리가/아불리가(亞非利加/亞弗利加, Africa). 그리고 한자문명권, 韓中日에서도 각기 달리 사용하고 있는 漢字 字形의 統合 논의부터 활발히 진행해야 할 것이다.

⊙ 사방팔방 한자 세상 - 문화동

文化洞은 광주광역시 북구의 중앙 북동부에 위치한 동네 이름이다. 동쪽은 석곡동의 망월·청풍동, 서쪽은 문흥동, 남쪽은 두암동, 북쪽은 문흥동과 접해 있다. 각화동 일원과 문흥동 일대를 관할하며 문화동은 이들의 합성 지명이다. 한편, 문흥동은 문산리와 신흥리, 각화동은 삼각산 아랫동네로 각하(角下)에서 유래하였다.

이곳 외에도 文化洞이라는 명칭을 쓰고 있는 동네가 여러 군데 있다. 충청북도 충주시 문화동, 경상남도 창원시 마산합포구 문화동, 경상남도 통영시 문화동, 충청남도 천안시 동남구 문화동 등이 있다. 모두 한자어로, 文化를 사용하고 있지만, 의식주를 비롯하여 언어, 풍습, 종교, 학문, 예술, 제도 따위를 모두 포함하는 문화의 의미와는 상관 없이 동네 명칭으로 사용되고 있다.

···연습 문제

*다음 한자의 훈과 음을 쓰시오.

1. 統 : _____

2. 對 : _____

3. 破 : _____

4. 嫌 : _____

* 다음의 훈과 음에 맞는 한자로 쓰시오.

  1. 위태할 위 : _____

  2. 미워할 오 : _____

  3. 나라 국 : _____

  4. 힘 력   : _____

  5. 이길 극 : _____

  6. 응할 응 : _____

* 다음 단어를 한자로 쓰시오.

  1. 협력   : _____

  2. 통합   : _____

  3. 안전   : _____

  4. 소통   : _____

* 다음 한자어의 독음을 쓰시오.

  1. 共同體 : _____

  2. 威脅   : _____

  3. 尊重   : _____

  4. 理解   : _____

  5. 安全   : _____

  6. 自然   : _____

* 다음 한자성어의 독음과 뜻을 쓰시오.

  四海同胞 _____

* 우리 속담에 '인생사 ○○○○'라는 말이 있다. 여기에 들어갈 한자성어를 써보시오.

| 기초 학습과 심화 학습 확인하기 |

기초 학습	심화 학습
1. 協力	1. 평평할 평, 화목할 화
2. 統合	2. 함께 공, 날 생
3. 危機	3. 편안할 안, 온전할 전
4. 威脅	4. 사람 인, 사이 간
5. 破壞	5. 스스로 자, 그러할 연
6. 嫌惡	6. 높을 존, 무거울 중
7. 克復	7. 트일 소, 통할 통
8. 對應	8. 사귈 교, 흐를 류
9. 繁榮	9. 함께 공, 한가지 동, 몸 체
10. 國家	10. 다스릴 이, 풀 해

21세기 슬기로운 생활 한자

연습 문제 답안

연습 문제 답안

• 1강

★ 다음 한자의 훈과 음을 쓰시오.

1. 스스로 자

2. 성품 성

3. 몸 기

4. 있을 존

★ 다음의 훈과 음에 맞는 한자로 쓰시오.

1. 進

2. 感

3. 情

4. 特

5. 解

6. 理

★ 다음 단어를 한자로 쓰시오.

1. 自身

2. 熱情

3. 見解

4. 部分

★ 다음 한자어의 독음을 쓰시오.

1. 개인

2. 성격

3. 보수적

4. 몰입

5. 실용적

6. 자기계발

★ 다음 한자성어의 독음과 뜻을 쓰시오.

자승자박 : 자기(自己)가 자기(自己)를 망치게 한다는 뜻. 즉, 자기(自己)의 언행(言行)으

로 인(因)하여 자신(自身)이 꼼짝 못하게 되는 일.

* 우리가 많이 사용하는 격언에 '○○○○면 백전백승이다.'라는 말이 있다. 여기에 들어갈 한자성어를 써보시오.

지피지기(知彼知己)

• 2강

* 다음 한자의 훈과 음을 쓰시오.
  1. 집 가
  2. 모일 회
  3. 겨레 족
  4. 날 일

* 다음의 훈과 음에 맞는 한자로 쓰시오.
  1. 常
  2. 親
  3. 社
  4. 關
  5. 父
  6. 母

* 다음 단어를 한자로 쓰시오.
  1. 食口
  2. 兄弟
  3. 夫婦
  4. 結婚

* 다음 한자어의 독음을 쓰시오.
  1. 친척
  2. 필연

3. 구성

4. 제도

5. 혈연

6. 자매

★다음 한자성어의 독음과 뜻을 쓰시오.

가가호호 : 한 집 한 집, 집집마다

★'타국이나 타향에 살 때는 가족의 편지가 더없이 반갑고, 그 소식의 값이 황금 만 냥 보다 더 소중하다'는 뜻을 가진 한자성어를 쓰시오.

家書抵萬金 또는 家書萬金

• 3강

★다음 한자의 훈과 음을 쓰시오.

1. 사랑 애

2. 벗 우

3. 복 복

4. 때 시

★다음의 훈과 음에 맞는 한자로 쓰시오.

1. 幸

2. 眞

3. 記

4. 哀

5. 喜

6. 因

★다음 단어를 한자로 쓰시오.

1. 友情

2. 親舊

3. 未練

4. 偶然

* 다음 한자어의 독음을 쓰시오.

1. 자애

2. 환희

3. 분노

4. 희희낙락

5. 증오

6. 희열

* 다음 한자성어의 독음과 뜻을 쓰시오.

백아절현, '백아가 거문고 줄을 끊어 버렸다'는 뜻으로, 자기(自己)를 알아주는 절친(切親)
한 벗, 즉 지기지우(知己之友)의 죽음을 슬퍼함을 이르는 말.

* 사이가 좋은 남녀나 부부 사이를 가리키는 한자성어를 2개 쓰시오.

비익조(比翼鳥), 연리지(連理枝)

• 4강

* 다음 한자의 훈과 음을 쓰시오.

1. 옷 의

2. 옷 복

3. 큰 바다 양

4. 띠 대

* 다음의 훈과 음에 맞는 한자로 쓰시오.

1. 體

2. 靴

3. 貌

4. 象

5. 形

6. 指

* 다음 단어를 한자로 쓰시오.

1. 衣裳

2. 外貌

3. 體型

4. 帽子

* 다음 한자어의 독음을 쓰시오.

1. 장화

2. 운동화

3. 기성복

4. 분리

5. 활동성

6. 장식

* 다음 한자성어의 독음과 뜻을 쓰시오.

녹의홍상 : '초록 저고리에 다홍치마'라는 뜻으로, 곱게 차려 입은 젊은 여성의 옷차림.

* '출세하여 고향으로 돌아온다'는 뜻을 지닌 한자성어를 써보시오.

금의환향(錦衣還鄕)

• 5강

* 다음 한자의 훈과 음을 쓰시오.

1. 마실 음

2. 끓일 탕

3. 바탕 질

4. 재목 재

＊다음의 훈과 음에 맞는 한자로 쓰시오.

1. 補

2. 醉

3. 鷄

4. 取

5. 肉

6. 軟

＊다음 단어를 한자로 쓰시오.

1. 飮食

2. 營養

3. 攝取

4. 蔘鷄湯

＊다음 한자어의 독음을 쓰시오.

1. 혈당

2. 단백질

3. 숙취

＊다음 한자성어의 독음과 뜻을 쓰시오.

삼순구식 : ‘삼순, 곧 한 달에 아홉 번 밥을 먹는다.’는 뜻으로, 집안이 가난하여 먹을 것이 없어 굶주린다는 말.

＊‘대그릇의 밥과 표주박의 물’이라는 뜻을 지닌 한자성어를 써보시오.

단사표음(簞食瓢飮)

・6강

＊다음 한자의 훈과 음을 쓰시오.

1. 집 당

2. 다락 루

3. 집 각

4. 집 관

* 다음의 훈과 음에 맞는 한자로 쓰시오.

1. 齋

2. 室

3. 閨

4. 軒

5. 臺

6. 亭

* 다음 단어를 한자로 쓰시오.

1. 韓屋

2. 建築

3. 居室

4. 窓門

* 다음 한자어의 독음을 쓰시오.

1. 현관문

2. 사생활

3. 장치

* 다음 한자성어의 독음과 뜻을 쓰시오.

사상누각 : '모래 위에 세운 다락집'이라는 뜻으로, 기초(基礎)가 약하여 무너질 염려(念慮)가 있을 때나 실현(實現) 불가능(不可能)한 일을 두고 이르는 말.

* 부인의 방에 촛불이 아름답게 비친다는 뜻으로, 결혼식날 밤 또는 혼례를 이르는 한자성어를 써보시오.

동방화촉(洞房華燭)

＊다음 한자의 훈과 음을 쓰시오.

  1. 공 구

  2. 따뜻할 온

  3. 헤아릴 측

  4. 숯 탄

＊다음의 훈과 음에 맞는 한자로 쓰시오.

  1. 氣

  2. 觀

  3. 災

  4. 赤

  5. 降

  6. 準

＊다음 한자어의 뜻을 쓰시오.

  1. 정상적인 상태와 다름.

  2. 미루어 생각하여 헤아림.

  3. 낮은 데서 위로 올라감.

  4. 지구 표면의 상태를 일정한 비율로 줄여, 이를 약속된 기호로 평면에 나타낸 그림.

＊다음 한자어의 독음을 쓰시오.

  1. 환경

  2. 오염

  3. 효과

  4. 축구

  5. 절기

  6. 집중호우

＊다음 한자성어의 독음과 뜻을 쓰시오.

  상전벽해 : 뽕나무밭이 변하여 푸른 바다가 된다는 뜻으로, 세상일의 변천이 심함을 비유

적으로 이르는 말.

*다음 한자성어를 활용하여 하나의 문장을 만드시오.

수주대토와 같이 요행을 바라는 마음을 버리고 열심히 일해야 한다.

• 8강

*다음 한자의 훈과 음을 쓰시오.

1. 위험할 위
2. 능할 능
3. 표제 제
4. 알 인

*다음의 훈과 음에 맞는 한자로 쓰시오.

1. 問
2. 脅
3. 話
4. 命
5. 威
6. 强

*다음 한자어의 뜻을 쓰시오.

1. 물건이나 재화 따위를 모아서 간수함.
2. 앞장서서 이끌거나 안내함.
3. 범위, 규모, 세력 따위를 늘려서 넓힘.
4. 취미나 연구를 위하여 여러 가지 물건이나 재료를 찾아 모음. 또는 그 물건이나 재료.

*다음 한자어의 독음을 쓰시오.

1. 대두
2. 융합
3. 보편

4. 적응

5. 제공

6. 제거

＊다음 한자성어의 독음과 뜻을 쓰시오.

온고지신 : 옛것을 익히고 그것을 미루어서 새것을 앎.

＊다음 한자성어를 활용하여 하나의 문장을 만드시오.

이미 늦었다고 포기하지 말고 망양보뢰의 마음으로 앞으로 더 열심히 하면 된다.

• 9강

＊다음 한자의 훈과 음을 쓰시오.

1. 살갗 부

2. 막을 항

3. 가지런할 등

4. 죄 벌

＊다음의 훈과 음에 맞는 한자로 쓰시오.

1. 宣

2. 敎

3. 別

4. 監

5. 許

6. 容

＊다음 한자어의 뜻을 쓰시오.

1. 어떤 일을 행하거나 타인에 대하여 당연히 요구할 수 있는 힘이나 자격.

2. 일정한 신분이나 지위.

3. 남의 권리나 인격을 짓밟음.

4. 일정한 한도를 정하거나 그 한도를 넘지 못하게 막음. 또는 그렇게 정한 한계.

* 다음 한자어의 독음을 쓰시오.

1. 금지
2. 침해
3. 부여
4. 존엄
5. 대우
6. 갈등

* 다음 한자성어의 독음과 뜻을 쓰시오.

가렴주구 : 세금을 가혹하게 거두어들이고, 무리하게 재물을 빼앗음.

* 다음 한자성어를 활용하여 하나의 문장을 만드시오.

오늘날 인면수심의 범죄자가 많이 늘어나고 있어 문제이다.

· 10강

* 다음 한자의 훈과 음을 쓰시오.

1. 울림 향
2. 깨트릴 파
3. 볼 람
4. 불 취

* 다음의 훈과 음에 맞는 한자로 쓰시오.

1. 歌
2. 祝
3. 態
4. 律
5. 評
6. 求

＊다음 한자어의 뜻을 쓰시오.

1. 음악, 무용, 연극 따위를 많은 사람 앞에서 보이는 일.

2. 민속 음악에 속하는 기악 독주곡 형태의 하나.

3. 의견, 보고, 방송 따위를 들음.

4. 음악의 곡조를 일정한 기호를 써서 기록한 것.

＊다음 한자어의 독음을 쓰시오.

1. 전승

2. 경연

3. 동요

4. 공원

5. 농현

6. 화성

＊다음 한자성어의 독음과 뜻을 쓰시오.

대우탄금 : 소를 마주 대하고 거문고를 탄다는 뜻으로, 어리석은 사람에게는 깊은 이치를 말해 주어도 알아듣지 못하므로 아무 소용이 없음을 이르는 말.

＊다음 한자성어를 활용하여 하나의 문장을 만드시오.

사면초가의 어려움에 빠졌다고 너무 실망하지 말고 힘내야 한다.

·11강

＊다음 한자의 훈과 음을 쓰시오.

1. 널 판

2. 볕 경

3. 펼 전

4. 심을 예

＊다음의 훈과 음에 맞는 한자로 쓰시오.

1. 畵/畫

2. 暗

3. 影

4. 學

5. 匠

6. 傾

★ 다음 한자어의 뜻을 쓰시오.

1. 예술 창작 활동으로 얻어지는 제작물.

2. 사물이 지니고 있는 쓸모.

3. 기교를 나타내는 방법.

4. 전혀 다른 것의 섞임이 없음.

★ 다음 한자어의 독음을 쓰시오.

1. 군상

2. 조각

3. 묘사

4. 모방

5. 반영

6. 전위

★ 다음 한자성어의 독음과 뜻을 쓰시오.

화사첨족 : 쓸데없는 군짓을 하여 도리어 잘못되게 함을 이르는 말.

★ 다음 한자성어를 활용하여 하나의 문장을 만드시오.

항상 마무리가 중요하기 때문에 화룡점정하는 마음으로 일을 해야 한다.

• 12강

★ 다음 한자의 훈과 음을 쓰시오.

1. 겉 표

2. 저울대 형

3. 가르칠 훈

4. 휠 도

* 다음의 훈과 음에 맞는 한자로 쓰시오.

1. 話

2. 技

3. 優

4. 節

5. 壓

6. 規

* 다음 한자어의 뜻을 쓰시오.

1. 용기나 의욕이 솟아나도록 북돋워 줌.

2. 운동 경기에서, 규칙의 적부 여부나 승부를 판정함. 또는 그런 일이나 사람.

3. 정신적으로나 육체적으로 아무 탈이 없고 튼튼함. 또는 그런 상태.

4. 영화나 연극, 운동 경기 따위에서 일의 전체를 지휘하며 실질적으로 책임을 맡은 사람.

* 다음 한자어의 독음을 쓰시오.

1. 민첩

2. 선수

3. 단계

4. 응원

5. 전술

6. 강호

* 다음 한자성어의 독음과 뜻을 쓰시오.

와신상담 : 원수를 갚거나 마음먹은 일을 이루기 위하여 온갖 어려움과 괴로움을 참고 견
딤을 비유적으로 이르는 말.

* 다음 한자성어를 활용하여 하나의 문장을 만드시오.

손흥민 선수의 활약으로 예선 탈락의 위기에서 기사회생하였다.

★ 다음 한자의 훈과 음을 쓰시오.

1. 빽빽할 밀

2. 맺을 결

3. 아내 배

4. 그림 도

★ 다음의 훈과 음에 맞는 한자로 쓰시오.

1. 引

2. 聞

3. 意

4. 廣

5. 脚

6. 雄

★ 다음 한자어의 뜻을 쓰시오.

1. 무대나 연단 따위에 나옴.

2. 영리를 목적으로 연극, 영화, 서커스 따위를 요금을 받고 대중에게 보여 줌.

3. 연극이나 영화 따위에 등장하는 인물로 분장하여 연기를 하는 사람.

4. 원수를 갚음.

★ 다음 한자어의 독음을 쓰시오.

1. 검찰

2. 지조

3. 촬영

4. 무대

5. 의심

6. 파국

★ 다음 한자성어의 독음과 뜻을 쓰시오.

역린 : 임금의 노여움을 이르는 말.

* 다음 한자성어를 활용하여 하나의 문장을 만드시오.

안산 선수는 이번 올림픽에서 3관왕에 올라 금의환향하였다.

• 14강

* 다음 한자의 훈과 음을 쓰시오.
1. 항구 항
2. 김 기
3. 이을 속
4. 병나을 유

* 다음의 훈과 음에 맞는 한자로 쓰시오.
1. 空
2. 泊
3. 計
4. 着
5. 機
6. 看

* 다음 한자어의 뜻을 쓰시오.
1. 다른 노선이나 교통수단으로 갈아탐.
2. 이미 지불한 돈을 되돌려줌.
3. 외국을 여행하는 사람의 신분이나 국적을 증명하고 상대국에 그 보호를 의뢰하는 문서.
4. 뒤죽박죽이 되어 어지럽고 질서가 없음.

* 다음 한자어의 독음을 쓰시오.
1. 경험
2. 답사
3. 역사
4. 유람선

5. 대합실

6. 체류

＊다음 한자성어의 독음과 뜻을 쓰시오.

여산진면목 : 사물의 진상을 알기 어렵다는 것을 비유하는 말.

＊다음 한자성어를 활용하여 하나의 문장을 만드시오.

아름다운 풍경은 사진으로 보는 것과 직접 보는 것은 다르기에 백문불여일견이라는 말이
있는 것이다.

• 15강

＊다음 한자의 훈과 음을 쓰시오.

1. 거느릴 통

2. 대할 대

3. 깨뜨릴 파

4. 혐오할 혐

＊다음의 훈과 음에 맞는 한자로 쓰시오.

1. 危

2. 惡

3. 國

4. 力

5. 克

6. 應

＊다음 단어를 한자로 쓰시오.

1. 協力

2. 統合

3. 安全

4. 疏通

* 다음 한자어의 독음을 쓰시오.

1. 공동체
2. 위협
3. 존중
4. 이해
5. 안전
6. 자연

* 다음 한자성어의 독음과 뜻을 쓰시오.

사해동포 : 세상 모든 사람들이 형제

* 우리 속담에 '인생사 ○○○○'라는 말이 있다. 여기에 들어갈 한자성어를 써보시오.

새옹지마(塞翁之馬)

21세기 슬기로운 생활 한자

부록

부록

부수 찾아보기
한자능력검정시험 급수별 한자

부록1 부수(部首) 찾아보기

【1획】

一	한 일
丨	뚫을 곤
丶	점 주
丿	삐침 별
乙	새 을
亅	갈고리 궐

【2획】

二	두 이
亠	머리부분 두(돼지해머리)
人(亻)	사람 인(사람인변)
儿	어진사람 인(어진사람인발)
入	들 입
八	여덟 팔
冂	멀 경
冖	덮을 멱(민갓머리)
冫	얼음 빙(이수변)
几	안석 궤
凵	입벌릴 감(위터진입구)
刀(刂)	칼 도(선칼도방)
力	힘 력
勹	쌀 포(쌀포몸)
匕	비수 비
匚	상자 방(튼입구몸)
匸	감출 혜(터진에운담)

十	열 십
卜	점 복
卩	병부 절(병부절방)
厂	굴바위 엄(민엄호)
厶	사사로울 사(마늘모)
又	또 우

【3획】

口	입 구
囗	에울 위(큰입구몸)
土	흙 토
士	선비 사
夂	뒤져올 치
夊	천천히걸을 쇠
夕	저녁 석
大	큰 대
女	계집 녀
子	아들 자
宀	집 면(갓머리)
寸	마디 촌
小	작을 소
尢	절름발이 왕
尸	주검 시
屮	풀 철
山	메 산
巛(川)	내 천(개미허리)

工	장인 공	无	없을 무(이미기방)
己	몸 기	日	날일
巾	수건 건	曰	가로 왈
干	방패/범할 간	月	달 월
幺	작을 요	木	나무 목
广	바위집 엄(엄호엄)	欠	하품 흠
廴	길게 걸을 인(민책받침)	止	그칠 지
廾	두 손으로 받들 공(스무입발)	歹(歺)	앙상한 뼈 알(죽을사변)
弋	주살/화살 익	殳	칠 수(갖은등글월문)
弓	활 궁	毋	말[禁] 무
크(彑)	돼지머리 계(튼가로왈)	比	견줄 비
彡	터럭 삼	毛	털 모
彳	조금 걸을 척(두인변)	氏	성씨 씨
忄	☞ 心(4획)	气	기운 기
扌	☞ 手(4획)	水(氵·氺)	물 수(삼수변)
氵	☞ 水(4획)	火(灬)	불 화(연화발)
犭	☞ 犬(4획)	爪(爫)	손톱 조
阝	☞ 阜(8획)	父	아비 부
阝	☞ 邑(7획)	爻	사귈/본받을 효
		爿	조각 장(장수장변)
		片	조각 편

【4획】

心(忄·㣺)	마음 심(심방변·밑마음심)	牙	어금니 아
戈	창 과	牛	소 우
戶	지게 호	犬(犭)	개 견(개사슴록변)
手(扌)	손 수(제방변)	王	☞ 玉(5획)
支	지탱할 지	耂	☞ 老(6획)
攴(攵)	칠 복(등글월문)	艹	☞ 艸(6획)
文	글월 문	辶	☞ 辵(7획)
斗	말 두		
斤	날 근	**【5획】**	
方	모 방	玄	검을 현

玉	구슬옥(구슬옥변)	羽	깃 우
瓜	오이 과	老	늙을 로(늙을로엄)
瓦	기와 와	而	말 이을 이
甘	달 감	耒	쟁기 뢰
生	날 생	耳	귀 이
用	쓸 용	聿	오직/붓 율
田	밭 전	肉(月)	고기 육(육달월)
疋	발 소(필필)	臣	신하 신
疒	병들어 기댈 녁(병질엄)	自	스스로 자
癶	등질 발(필발머리)	至	이를 지
白	흰 백	臼	절구 구
皮	거죽 피	舌	혀 설
皿	그릇 명(그릇명밑)	舛	어그러질 천
目	눈 목	舟	배 주
矛	창 모	艮	그칠 간
矢	화살 시	色	빛 색
石	돌 석	艸(艹)	풀 초(초두머리)
示(礻)	보일 시	虍	범 호
内	짐승 발자국 유	虫	벌레 충, 벌레 훼
禾	벼 화	血	피 혈
穴	구멍 혈	行	다닐 행
立	설 립	衣(衤)	옷 의(옷의변)
礻	☞ 衣(6획)	襾	덮을 아

【6획】

竹	대 죽
米	쌀 미
糸	실 사
缶	장군 부
网(罒·㓁·罓)	그물 망
羊	양 양

【7획】

見	볼 견
角	뿔 각
言	말씀 언
谷	골 곡
豆	콩 두
豕	돼지 시

豸	발 없는 벌레 치	音	소리 음
貝	조개 패	頁	머리 혈
赤	붉을 적	風	바람 풍
走	달아날 주	飛	날 비
足	발 족	食	밥 식
身	몸 신	首	머리 수
車	수레 거(차)	香	향기 향
辛	메울 신		
辰	별 신, 다섯째 지지 진	**【10획】**	
辵(辶)	쉬엄쉬엄갈 착(책받침)	馬	말 마
邑(阝)	고을 읍(우부방)	骨	뼈 골
酉	닭 유	高	높을 고
釆	분별할 변	髟	긴 털 드리울 표
里	마을 리	鬥	싸울 투
		鬯	울창주 창
		鬲	다리 굽은 솥 력
【8획】		鬼	귀신 귀
金	쇠 금		
長(镸)	긴/어른 장	**【11획】**	
門	문 문	魚	물고기 어
阜(阝)	언덕 부(좌부변)	鳥	새 조
隶	미칠 이	鹵	소금밭 로
隹	새 추	鹿	사슴 록
雨	비 우	麥	보리 맥
青	푸를 청	麻	삼 마
非	아닐 비		
		【12획】	
【9획】		黃	누를 황
面	얼굴 면	黍	기장 서
革	가죽 혁	黑	검을 흑
韋	다룬 가죽 위	黹	바느질할 치
韭	부추 구		

【13획】

黽   맹꽁이 맹
鼎   솥 정
鼓   북 고
鼠   쥐 서

【14획】

鼻   코 비
齊   가지런할 제

【15획】

齒   이 치

【16획】

龍   용 룡
龜   나라이름 구, 거북 귀

【17획】

龠   피리 약

한자능력검정시험 급수별 한자

급수	읽기	쓰기	시험문항 유형대비 출제기준	수준
8급	50자	–	讀音 24 / 訓音쓰기 24 / 筆順 2 총50문제 / 50분 / 35문항 이상 합격	초등학교1년
7급	150자	–	讀音 32 / 訓音쓰기 30 / 反意語 2 成句 完成型 2 / 뜻풀이 2 / 筆順 2 총70문제 / 50분 / 49문항 이상 합격	초등학교2년
6급 II	300자	50자	讀音 32 / 訓音쓰기 29 / 漢字쓰기 10 反意語 2 / 成句 完成型 2 / 뜻풀이 2 / 筆順 3 총80문제 / 50분 / 56문항 이상 합격	초등학교3년
6급	300자	150자	讀音 33 / 訓音쓰기 22 / 漢字쓰기 20 / 反意語 3 / 成句 完成型 3 / 뜻풀이 2 / 同義語 2 / 同音異議語 2 / 筆順 3 총90문제 / 50분 / 63문항 이상 합격	초등학교3년
5급	500자	300자	讀音 35 / 訓音쓰기 23 / 漢字쓰기 20 反意語 3 / 成句 完成型 4 / 뜻풀이 3 同義語 3 / 同音異議語 3 / 略字 3 / 筆順 3 총100문제 / 50분 / 70문항 이상 합격	초등학교4년
4급 II	750자	400자	讀音 35 / 訓音쓰기 22 / 漢字쓰기 20 反意語 3 / 成句 完成型 5 / 뜻풀이 3 同義語 3 / 同音異議語 3 / 略字 3 / 筆順 3 총100문제 / 50분 / 70문항 이상 합격	초등학교5년
4급	1000자	500자	讀音 30 / 訓音쓰기 22 / 漢字쓰기 20 / 反意語 3 成句 完成型 5 / 뜻풀이 3 / 同義語 3 同音異議語 3 / 略字 3 / 部首 3 / 筆順 3 총100문제 / 50분 / 70문항 이상 합격	초등학교6년
3급 II	1500자	750자	讀音 45 / 訓音쓰기 27 / 漢字쓰기 30 / 反意語 10 成句 完成型 10 / 뜻풀이 5 / 同義語 5 同音異議語 5 / 略字 3 / 部首 5 / 筆順 5 총150문제 / 60분 / 105문항 이상 합격	중학교
3급	1817자	1000자	讀音 45 / 訓音쓰기 27 / 漢字쓰기 30 / 反意語 10 成句 完成型 10 / 뜻풀이 5 / 同義語 5 同音異議語 5 / 略字 3 / 部首 5 / 筆順 5 총150문제 / 60분 / 105문항 이상 합격	고등학교
2급	2355자	1817자	讀音 45 / 訓音쓰기 27 / 漢字쓰기 30 / 反意語 10 成句 完成型 10 / 뜻풀이 5 / 同義語 5 同音異議語 5 / 略字 3 / 部首 5 / 筆順 5 총150문제 / 60분 / 105문항 이상 합격	대학졸업 일반 수준
1급	3500자	2005자	讀音 50 / 訓音쓰기 32 / 漢字쓰기 40 / 反意語 10 成句 完成型 15 / 뜻풀이 10 / 同義語 10 同音異議語 10 / 略字 3 / 部首 10 / 筆順 10 총200문제 / 90분 / 160문항 이상 합격	전문가 교양인

校 학교 교	敎 가르침 교	九 아홉 구	國 나라 국
軍 군사 군	金 쇠 금	南 남녘 남	女 여자 녀
年 해 년	大 큰 대	東 동녘 동	六 여섯 륙
萬 일만 만	母 어미 모	木 나무 목	門 문 문
民 백성 민	白 흰 백	父 아비 부	北 북녘 북
四 넉 사	山 뫼 산	三 석 삼	生 날 생
西 서녘 서	先 먼저 선	小 작을 소	水 물 수
室 집 실	十 열 십	五 다섯 오	王 임금 왕
外 밖 외	月 달 월	二 두 이	人 사람 인
一 한 일	日 해 일	長 길 장	弟 아우 제
中 가운데 중	靑 푸를 청	寸 마디 촌	七 일곱 칠
土 흙 토	八 여덟 팔	學 배울 학	韓 나라 이름 한
兄 맏 형	火 불 화		

家 집 가	歌 노래 가	間 틈 간	江 강 강
車 수레 거	工 장인 공	空 빌 공	校 학교 교
敎 가르침 교	口 입 구	九 아홉 구	國 나라 국
軍 군사 군	金 쇠 금	氣 기운 기	記 기록할 기
旗 기 기	南 남녘 남	男 사내 남	內 안 내
女 여자 녀	年 해 년	農 농사 농	答 팥 답
大 큰 대	道 길 도	同 한가지 동	冬 겨울 동
東 동녘 동	洞 골 동	動 움직일 동	登 오를 등
來 올 래	力 힘 력	老 늙은이 노	六 여섯 륙
里 마을 리	林 수풀 림	立 설 립	萬 일만 만
每 매양 매	面 낯 면	名 이름 명	命 목숨 명
母 어미 모	木 나무 목	文 무늬 문	門 문 문
問 물을 문	物 만물 물	民 백성 민	方 모 방

白 흰 백 　百 일백 백 　父 아비 부 　夫 지아비 부
北 북녘 북 　不 아닐 불 　四 넉 사 　事 일 사
山 뫼 산 　算 셀 산 　三 석 삼 　上 위 상
色 빛 색 　生 날 생 　西 서녘 서 　夕 저녁 석
先 먼저 선 　姓 성 성 　世 대 세 　小 작을 소
少 적을 소 　所 바 소 　水 물 수 　手 손 수
數 셀 수 　市 저자 시 　時 때 시 　食 밥 식
植 심을 식 　室 집 실 　心 마음 심 　十 열 십
安 편안할 안 　語 말씀 어 　然 그러할 연 　五 다섯 오
午 일곱째 지지 오 　王 임금 왕 　外 밖 외 　右 오른쪽 우
月 달 월 　有 있을 유 　育 기를 육 　邑 고을 읍
二 두 이 　人 사람 인 　一 한 일 　日 해 일
入 들 입 　自 스스로 자 　子 아들 자 　字 글자 자
長 길 장 　場 마당 장 　電 번개 전 　全 온전할 전
前 앞 전 　正 바를 정 　弟 아우 제 　祖 조상 조
足 발 족 　左 왼 좌 　主 주인 주 　住 살 주
中 가운데 중 　重 무거울 중 　紙 종이 지 　地 땅 지
直 곧을 직 　川 내 천 　千 일천 천 　天 하늘 천
青 푸를 청 　草 풀 초 　寸 마디 촌 　村 마을 촌
秋 가을 추 　春 봄 춘 　出 날 출 　七 일곱 칠
土 흙 토 　八 여덟 팔 　便 편할 편 　平 평평할 평
下 아래 하 　夏 여름 하 　學 배울 학 　韓 나라 이름 한
漢 한수 한 　海 바다 해 　兄 맏 형 　火 불 화
話 말할 화 　花 꽃 화 　活 살 활 　孝 효도 효
後 뒤 후 　休 쉴 휴

6급

角 뿔 각 　各 각각 각 　感 느낄 감 　强 강할 강
開 열 개 　京 서울 경 　界 지경 계 　計 셀 계
高 높을 고 　苦 쓸 고 　古 예 고 　公 공평할, 공변될 공
功 공 공 　共 한가지 공 　科 과목 과 　果 실과 과

光 빛 광	交 사귈 교	球 공, 옥경 구	區 지경, 구분할 구
郡 고을 군	根 뿌리 근	近 가까울 근	今 이제 금
急 급할 급	級 등급 급	多 많을 다	短 짧을 단
堂 집 당	代 대신 대	對 대할 대	待 기다릴 대
圖 그림 도	度 법도 도, 헤아릴 탁	讀 읽을 독, 구절 두	童 아이 동
頭 머리 두	等 무리 등	樂 즐길 락, 노래 악	例 법식 례
禮 예도 례	路 길 로	綠 푸를 록	理 다스릴 리
利 이할 리	李 오얏 리, 성 리	明 밝을 명	目 눈 목
聞 들을 문	米 쌀 미	美 아름다울 미	朴 순박할, 성 박
反 돌아올, 돌이킬 반	半 반 반	班 나눌 반	發 필 발
放 놓을 방	番 차례 번	別 다를, 나눌 별	病 병 병
服 옷 복	本 근본 본	部 떼 부	分 나눌 분
社 모일 사	使 하여금, 부릴 사	死 죽을 사	書 글 서
石 돌 석	席 자리 석	線 줄 선	雪 눈 설
成 이룰 성	省 살필 성, 덜 생	消 사라질 소	速 빠를 속
孫 손자 손	樹 나무 수	術 재주 술	習 익힐 습
勝 이길 승	始 비로소 시	式 법 식	信 믿을 신
身 몸 신	新 새 신	神 귀신 신	失 잃을 실
愛 사랑 애	野 들 야	夜 밤 야	弱 약할 약
藥 약 약	洋 큰바다 양	陽 볕 양	言 말씀 언
業 업 업	英 꽃부리 영	永 길 영	溫 따뜻할 온
勇 날랠 용	用 쓸 용	運 옮길 운	園 동산 원
遠 멀 원	由 말미암을 유	油 기름 유	銀 은 은
音 소리 음	飮 마실 음	意 뜻 의	醫 의원 의
衣 옷 의	者 놈 자	昨 어제 작	作 지을 작
章 글 장	才 재주 재	在 있을 재	戰 싸움 전
庭 뜰 정	定 정할 정	第 차례 제	題 제목 제
朝 아침 조	族 겨레 족	注 부을 주	晝 낮 주
集 모을 집	窓 창 창	淸 맑을 청	體 몸 체
親 친할 친	太 클 태	通 통할 통	特 특별할 특
表 겉 표	風 바람 풍	合 합할 합	幸 다행 행
行 다닐 행, 항렬 항	向 향할 향	現 나타날 현	形 모양 형
號 이름 호	和 화할 화	畫 그림 화, 그을 획	黃 누를 황

會 모일 회　　　訓 가르칠 훈

5급

價 값 가	可 옳을 가	加 더할 가	改 고칠 개
客 손 객	擧 들 거	去 갈 거	建 세울 건
件 물건 건	健 굳셀 건	格 격식 격	見 볼 견, 뵈올 현
決 결단할 결	結 맺을 결	敬 공경 경	景 볕 경
輕 가벼울 경	競 다툴 경	告 고할 고	考 생각할 고
固 굳을 고	曲 굽을 곡	課 과정, 공부할 과	過 지날 과
關 관계할 관	觀 볼 관	廣 넓을 광	橋 다리 교
舊 예 구	具 갖출 구	救 구원할 구	局 판 국
貴 귀할 귀	規 법 규	給 줄 급	己 몸 기
基 터 기	技 재주 기	汽 물끓는김 기	期 기약할 기
吉 길할 길	念 생각 념	能 능할 능	團 둥글 단
壇 단 단	談 말씀 담	當 마땅 당	德 큰 덕
到 이를 도	島 섬 도	都 도읍 도	獨 홀로 독
落 떨어질 락	朗 밝을 랑	冷 찰 랭	良 어질 량
量 헤아릴 량	旅 나그네 려	歷 지날 력	練 익힐 련
領 거느릴 령	令 하여금 령	勞 일할 로	料 헤아릴 료
類 무리 류	流 흐를 류	陸 뭍 륙	馬 말 마
末 끝 말	望 바랄 망	亡 망할 망	賣 팔 매
買 살 매	無 없을 무	倍 곱 배	法 법 법
變 변할 변	兵 병사 병	福 복 복	奉 받들 봉
比 견줄 비	鼻 코 비	費 쓸 비	氷 얼음 빙
仕 섬길 사	士 선비 사	史 사기 사	思 생각 사
寫 베낄 사	査 조사할 사	産 낳을 산	相 서로 상
商 장사 상	賞 상줄 상	序 차례 서	仙 신선 선
鮮 고울 선	善 착할 선	船 배 선	選 가릴 선
說 말씀 설, 달랠 세	性 성품 성	歲 해 세	洗 씻을 세
束 묶을 속	首 머리 수	宿 잘 숙, 별자리 수	順 순할 순
示 보일 시	識 알 식, 기록할 지	臣 신하 신	實 열매 실

兒 아이 아	惡 악할 악, 미워할 오	案 책상 안	約 맺을 약
養 기를 양	魚 고기, 물고기 어	漁 고기잡을 어	億 억 억
熱 더울 열	葉 잎 엽	屋 집 옥	完 완전할 완
要 요긴할 요	曜 빛날 요	浴 목욕할 욕	雨 비 우
友 벗 우	牛 소 우	雲 구름 운	雄 수컷 웅
元 으뜸 원	願 원할 원	原 언덕 원	院 집 원
偉 클 위	位 자리 위	以 써 이	耳 귀 이
因 인할 인	任 맡길 임	財 재물 재	材 재목 재
災 재앙 재	再 두 재	爭 다툴 쟁	貯 쌓을 저
的 과녁 적	赤 붉을 적	典 법 전	傳 전할 전
展 펼 전	節 마디 절	切 끊을 절, 온통 체	店 가게 점
情 뜻 정	停 머무를 정	調 고를 조	操 잡을 조
卒 마칠 졸	種 씨 종	終 마칠 종	罪 허물 죄
週 주일 주	州 고을 주	知 알 지	止 그칠 지
質 바탕 질	着 붙을 착	參 참여할 참, 석 삼	唱 부를 창
責 꾸짖을 책	鐵 쇠 철	初 처음 초	最 가장 최
祝 빌 축	充 채울 충	致 이를 치	則 법칙 칙, 곧 즉
打 칠 타	他 다를 타	卓 높을 탁	炭 숯 탄
宅 집 택(댁)	板 널 판	敗 패할 패	品 물건 품
必 반드시 필	筆 붓 필	河 물 하	寒 찰 한
害 해할 해	許 허락 허	湖 호수 호	化 될 화
患 근심 환	效 본받을 효	凶 흉할 흉	黑 검을 흑

4급 II

假 거짓 가	街 거리 가	監 볼 감	減 덜 감
康 편안 강	講 욀 강	個 낱 개	檢 검사할 검
潔 깨끗할 결	缺 이지러질 결	經 지날, 글 경	境 지경 경
慶 경사 경	警 깨우칠 경	係 맬 계	故 연고 고
攻 공 공	官 벼슬 관	求 구할 구	究 연구할, 궁구할 구
句 글귀 구	宮 집 궁	權 권세 권	極 극진할, 다할 극
禁 금할 금	器 그릇 기	起 일어날 기	暖 따뜻할 난

難 어려울 난　　努 힘쓸 노　　怒 성낼 노　　斷 끊을 단
端 끝 단　　單 홑, 흉노임금 선　　檀 박달나무 단　　達 통달할 달
擔 멜 담　　黨 무리 당　　隊 무리 대　　帶 띠 대
導 인도할 도　　督 감독할 독　　毒 독 독　　銅 구리 동
豆 콩 두　　斗 말 두　　得 얻을 득　　燈 등 등
羅 벌, 벌릴 라　　兩 두 량　　麗 고울 려　　連 이을 련
列 벌, 벌릴 렬　　錄 기록할 록　　論 논할 론　　留 머무를 류
律 법칙 률　　滿 찰 만　　脈 줄기 맥　　毛 터럭 모
牧 칠 목　　武 호반 무　　務 힘쓸 무　　味 맛 미
未 아닐 미　　密 빽빽할 밀　　博 넓을 박　　房 방 방
防 막을 방　　訪 찾을 방　　配 나눌 배　　背 등 배
拜 절 배　　罰 벌할 벌　　伐 칠 벌　　壁 벽 벽
邊 가 변　　報 갚을, 알릴 보　　寶 보배 보　　保 지킬 보
步 걸음 보　　婦 며느리 부　　富 부자 부　　復 다시 부, 회복할 복
副 버금 부　　府 마을, 관청 부　　佛 부처 불　　備 갖출 비
悲 슬플 비　　非 아닐 비　　飛 날 비　　貧 가난할 빈
謝 사례할 사　　師 스승 사　　舍 집 사　　寺 절 사
殺 죽일 살, 감할 쇄　　狀 형상 상, 문서 장　　床 상 상　　常 떳떳할 상
想 생각 상　　設 베풀 설　　誠 정성 성　　聖 성인 성
城 재 성　　聲 소리 성　　星 별 성　　盛 성할 성
勢 형세 세　　細 가늘 세　　稅 세금 세　　掃 쓸 소
笑 웃음 소　　素 본디, 흴 소　　俗 풍속 속　　續 이을 속
送 보낼 송　　收 거둘 수　　授 줄 수　　受 받을 수
修 닦을 수　　守 지킬 수　　純 순수할 순　　承 이을 승
視 볼 시　　試 시험 시　　詩 시 시　　施 베풀 시
是 이 시　　息 쉴 식　　申 납, 펼 신　　深 깊을 심
眼 눈 안　　暗 어두울 암　　壓 누를, 억누를 압　　液 진 액
羊 양 양　　餘 남을 여　　如 같을 여　　逆 거스릴 역
煙 연기 연　　演 펼 연　　研 갈 연　　榮 영화 영
藝 재주 예　　誤 그르칠 오　　玉 구슬 옥　　往 갈 왕
謠 노래 요　　容 얼굴 용　　員 인원 원　　圓 둥글 원
爲 하, 할 위　　衛 지킬 위　　肉 고기 육　　恩 은혜 은
陰 그늘 음　　應 응할 응　　義 옳을 의　　議 의논할 의

移 옮길 이　　益 더할 익　　認 알 인　　印 도장 인
引 끌 인　　將 장수 장　　障 막을 장　　低 낮을 저
敵 대적할 적　　田 밭 전　　絶 끊을 절　　接 이을 접
精 정할 정　　程 길 정　　政 정사 정　　祭 제사 제
濟 건널 제　　製 지을 제　　際 즈음, 가 제　　制 절제할 제
提 끌 제　　除 덜 제　　助 도울 조　　鳥 새 조
造 지을 조　　早 이를 조　　尊 높을 존　　宗 마루 종
走 달릴 주　　竹 대 죽　　準 준할 준　　衆 무리 중
增 더할 증　　至 이를 지　　志 뜻 지　　支 지탱할 지
指 가리킬 지　　職 직분 직　　進 나아갈 진　　眞 참 진
次 버금 차　　察 살필 찰　　創 비롯할 창　　處 곳 처
請 청할 청　　銃 총 총　　總 다 총　　築 쌓을 축
蓄 쌓을 축　　蟲 벌레 충　　忠 충성 충　　取 가질 취
測 헤아릴 측　　置 둘 치　　齒 이 치　　治 다스릴 치
侵 침노할 침　　快 쾌할 쾌　　態 모습 태　　統 거느릴 통
退 물러날 퇴　　波 물결 파　　破 깨뜨릴 파　　砲 대포 포
包 쌀 포　　布 베 포, 보시 보　　暴 사나울 폭, 모질 포　　票 표 표
豊 풍년 풍　　限 한할 한　　港 항구 항　　航 배 항
解 풀 해　　香 향기 향　　鄕 시골 향　　虛 빌 허
驗 시험할 험　　賢 어질 현　　血 피 혈　　協 화할 협
惠 은혜 혜　　呼 부를 호　　護 도울 호　　戶 집 호
貨 재물 화　　確 굳을 확　　回 돌아올 회　　吸 마실 흡
興 일 흥　　希 바랄 희

4급

暇 겨를, 틈 가　　覺 깨달을 각　　刻 새길 각　　看 볼 간
簡 대쪽, 간략할 간　　干 방패 간　　甘 달 감　　敢 감히, 구태여 감
甲 갑옷 갑　　降 내릴 강, 항복할 항　　巨 클 거　　據 근거 거
拒 막을 거　　居 살 거　　傑 뛰어날 걸　　儉 검소할 검
擊 칠[打] 격　　激 격할 격　　堅 굳을 견　　犬 개 견
驚 놀랄 경　　傾 기울 경　　更 고칠 경, 다시 갱　　鏡 거울 경

繼 이을 계	階 섬돌 계	戒 경계할 계	季 계절 계
鷄 닭 계	系 이어맬 계	孤 외로울 고	庫 곳집 고
穀 곡식 곡	困 곤할 곤	骨 뼈 골	孔 구멍 공
管 대롱, 주관할 관	鑛 쇳돌 광	構 얽을 구	君 임금 군
群 무리 군	屈 굽힐 굴	窮 다할, 궁할 궁	勸 권할 권
卷 책 권	券 문서 권	歸 돌아갈 귀	均 고를 균
劇 심할 극	筋 힘줄 근	勤 부지런할 근	奇 기특할 기
機 틀 기	紀 벼리 기	寄 부칠 기	納 들일 납
段 층계 단	徒 무리 도	逃 도망할 도	盜 도둑 도
亂 어지러울 란	卵 알 란	覽 볼 람	略 간략할, 약할 략
糧 양식 량	慮 생각할 려	烈 매울 렬	龍 용 룡
柳 버들 류	輪 바퀴 륜	離 떠날 리	妹 누이 매
勉 힘쓸 면	鳴 울 명	模 본뜰 모	妙 묘할 묘
墓 무덤 묘	舞 춤출 무	拍 칠 박	髮 터럭 발
妨 방해할 방	範 법 범	犯 범할 범	辯 말씀 변
普 넓을 보	伏 엎드릴 복	複 겹칠 복	否 아닐 부
負 질 부	憤 분할 분	粉 가루 분	秘 숨길 비
批 비평할 비	碑 비석 비	辭 말씀 사	絲 실 사
私 사사 사	射 쏠 사	散 흩을 산	象 코끼리 상
傷 다칠 상	宣 베풀 선	舌 혀 설	屬 붙일 속
損 덜 손	松 소나무 송	頌 기릴, 칭송할 송	秀 빼어날 수
肅 엄숙할 숙	叔 아재비 숙	崇 높을 숭	氏 각씨, 성씨 씨
額 이마 액	樣 모양 양	嚴 엄할 엄	與 줄, 더불 여
易 바꿀 역, 쉬울 이	域 지경 역	延 늘일 연	緣 인연 연
鉛 납 연	燃 탈 연	營 경영할 영	迎 맞을 영
映 비칠 영	豫 맡길, 미리 예	遇 만날 우	優 넉넉할 우
郵 우편 우	怨 원망할 원	援 도울 원	源 근원 원
圍 에워쌀 위	危 위태할 위	威 위엄 위	委 맡길 위
慰 위로할 위	遺 남길 유	乳 젖 유	遊 놀 유
儒 선비 유	隱 숨을 은	依 의지할 의	疑 의심할 의
儀 거동 의	異 다를 이	仁 어질 인	姿 모양 자
姉 손위누이 자	資 재물 자	殘 남을 잔	雜 섞일 잡
壯 장할 장	腸 창자 장	裝 꾸밀 장	獎 장려할 장

帳 장막 장	張 베풀 장	底 밑 저	適 맞을 적
籍 문서 적	賊 도둑 적	績 길쌈 적	積 쌓을 적
專 오로지 전	轉 구를 전	錢 돈 전	折 꺾을 절
點 점 점	占 점칠, 점령할 점	丁 장정, 고무래 정	整 가지런할 정
靜 고요할 정	帝 임금 제	條 가지 조	組 짤 조
潮 조수 조	存 있을 존	從 좇을 종	鐘 쇠북 종
座 앉을 좌	周 두루 주	朱 붉을 주	酒 술 주
證 증거 증	誌 기록할 지	持 가질 지	智 지혜, 슬기 지
織 짤 직	盡 다할 진	珍 보배 진	陣 진칠 진
差 다를 차	讚 기릴 찬	採 캘 채	冊 책 책
泉 샘 천	聽 들을 청	廳 관청 청	招 부를 초
推 밀 추	縮 줄일 축	趣 뜻 취	就 나아갈 취
層 층 층	寢 잘 침	針 바늘 침	稱 일컬을 칭
彈 탄알 탄	歎 탄식할 탄	脫 벗을 탈	探 찾을 탐
擇 가릴 택	討 칠[伐] 토	痛 아플 통	鬪 싸움 투
投 던질 투	派 갈래 파	判 판단할 판	篇 책 편
評 평할 평	閉 닫을 폐	胞 세포 포	爆 불터질 폭
標 표할 표	疲 피곤할 피	避 피할 피	閑 한가할 한
恨 한 한	抗 겨룰 항	核 씨 핵	憲 법 헌
險 험할 험	革 가죽 혁	顯 나타날 현	刑 형벌 형
好 좋을 호	或 혹 혹	混 섞을 혼	婚 혼인할 혼
紅 붉을 홍	華 빛날 화	環 고리 환	歡 기쁠 환
況 상황 황	灰 재 회	候 기후 후	厚 두터울 후
揮 휘두를 휘	喜 기쁠 희		

3급Ⅱ

佳 아름다울 가	脚 다리 각	閣 집 각	刊 새길 간
肝 간 간	幹 줄기 간	懇 간절할 간	鑑 볼 감
剛 굳셀 강	綱 벼리 강	介 낄 개	概 대개 개
距 상거할 거	乾 하늘, 마를 간	劍 칼 검	訣 이별할 결
兼 겸할 겸	謙 겸손할 겸	耕 밭갈 경	頃 이랑, 잠깐 경

契 맺을 계	啓 열 계	械 기계 계	溪 시내 계
姑 시어미 고	鼓 북 고	稿 원고 고, 볏짚 고	谷 골 곡
哭 울 곡	供 이바지할 공	恭 공손할 공	貢 바칠 공
恐 두려울 공	誇 자랑할 과	寡 적을 과	冠 갓 관
貫 꿸 관	寬 너그러울 관	慣 익숙할 관	館 집 관
怪 괴이할 괴	壞 무너질 괴	巧 공교할 교	較 견줄, 비교 교
久 오랠 구	拘 잡을 구	菊 국화 국	弓 활 궁
拳 주먹 권	鬼 귀신 귀	克 이길 극	禽 새 금
琴 거문고 금	錦 비단 금	及 미칠 급	企 꾀할 기
其 그 기	祈 빌 기	畿 경기 기	緊 긴할 긴
諾 허락할 낙	娘 계집 낭	乃 이에 내	耐 견딜 내
寧 편안 녕	奴 종 노	腦 골, 뇌수 뇌	茶 차 다, 차 차
丹 붉을 단	旦 아침 단	但 다만 단	淡 맑을 담
踏 밟을 답	唐 당나라, 당황할 당	臺 대 대	刀 칼 도
途 길 도	陶 질그릇 도	突 갑자기 돌	絡 이을, 얽을 락
蘭 난초 란	欄 난간 란	浪 물결 랑	郞 사내 랑
廊 사랑채, 행랑 랑	凉 서늘할 량	勵 힘쓸 려	曆 책력 력
聯 연이을 련	鍊 쇠불릴, 단련할 련	戀 그릴, 그리워할 련	嶺 고개 령
靈 신령 령	露 이슬 로	爐 화로 로	弄 희롱할 롱
賴 의뢰할 뢰	樓 다락 루	倫 인륜 륜	栗 밤 률
率 비율 률, 거느릴 솔	隆 높을 륭	陵 언덕 릉	裏 속 리
履 밟을 리	吏 관리, 벼슬아치 리	臨 임할 림	莫 없을 막
幕 장막 막	漠 넓을 막	妄 망령될 망	梅 매화 매
盲 소경, 눈멀 맹	孟 맏 맹	猛 사나울 맹	盟 맹세 맹
眠 잘 면	綿 솜 면	滅 멸할, 꺼질 멸	銘 새길 명
慕 그릴 모	貌 모양 모	謀 꾀 모	睦 화목할 목
沒 빠질 몰	夢 꿈 몽	蒙 어두울 몽	茂 무성할 무
貿 무역할 무	黙 잠잠할 묵	紋 무늬 문	勿 말 물
微 작을 미	迫 핍박할 박	薄 엷을 박	般 가지, 일반 반
飯 밥 반	培 북돋울 배	排 밀칠 배	輩 무리 배
伯 맏 백	繁 번성할 번	凡 무릇 범	碧 푸를 벽
丙 남녘 병	補 기울 보	腹 배 복	封 받들 봉
峯 봉우리 봉	逢 만날 봉	付 부칠 부	扶 도울 부

附 붙을 부	浮 뜰 부	符 부호 부	簿 문서 부
奔 달릴 분	紛 어지러울 분	奮 떨칠 분	妃 왕비 비
肥 살찔 비	卑 낮을 비	婢 계집종 비	司 맡을 사
沙 모래 사	邪 간사할 사	祀 제사 사	詞 말, 글 사
森 수풀 삼	尙 오히려 상	喪 잃을 상	詳 자세할 상
裳 치마 상	像 모양 상	霜 서리 상	雙 두, 쌍 쌍
索 찾을 색, 새끼줄 삭	恕 용서할 서	徐 천천할 서	署 마을, 관청 서
緖 실마리 서	惜 아낄 석	釋 풀 석	旋 돌 선
疎 드물 소	訴 호소할 소	蘇 되살아날 소	刷 인쇄할 쇄
衰 쇠할 쇠	帥 장수 수	殊 다를 수	愁 근심 수
需 쓰일(쓸) 수	壽 목숨 수	隨 따를 수	輸 보낼 수
獸 짐승 수	淑 맑을 숙	熟 익을 숙	旬 열흘 순
巡 돌, 순행할 순	瞬 눈깜짝일 순	述 펼 술	拾 주을 습, 갖은 열 십
襲 엄습할 습	昇 오를 승	乘 탈 승	僧 중 승
侍 모실 시	飾 꾸밀 식	愼 삼갈 신	甚 심할 심
審 살필 심	我 나 아	亞 버금 아	阿 언덕 아
雅 맑을 아	岸 언덕 안	顔 낯 안	巖 바위 암
央 가운데 앙	仰 우러를 앙	哀 슬플 애	若 같을 약, 반야 야
揚 날릴 양	壤 흙덩이 양	讓 사양할 양	御 거느릴 어
抑 누를 억	憶 생각할 억	亦 또 역	役 부릴 역
譯 번역할 역	驛 역 역	沿 따를, 물따라갈 연	宴 잔치 연
軟 연할 연	悅 기쁠 열	染 물들 염	影 그림자 영
譽 기릴, 명예 예	烏 까마귀 오	悟 깨달을 오	獄 옥 옥
辱 욕될 욕	欲 하고자할 욕	慾 욕심 욕	宇 집 우
偶 짝 우	愚 어리석을 우	憂 근심 우	韻 운 운
越 넘을 월	謂 이를 위	幼 어릴 유	柔 부드러울 유
幽 그윽할 유	悠 멀 유	猶 오히려 유	裕 넉넉할 유
維 벼리 유	誘 꾈 유	潤 불을 윤	乙 새 을
已 이미 이	翼 날개 익	忍 참을 인	逸 편안할 일
壬 북방 임	慈 사랑 자	暫 잠깐 잠	潛 잠길 잠
丈 어른 장	莊 씩씩할 장	掌 손바닥 장	葬 장사지낼 장
粧 단장할 장	藏 감출 장	臟 오장 장	栽 심을 재
裁 옷마를 재	載 실을 재	抵 막을 저	著 나타날 저

寂 고요할 적　　笛 피리 적　　跡 발자취 적　　摘 딸 적
蹟 자취 적　　漸 점점 점　　井 우물 정　　廷 조정 정
征 칠 정　　　亭 정자 정　　貞 곧을 정　　頂 정수리 정
淨 깨끗할 정　齊 가지런할 제　諸 모두 제　　兆 억조 조
照 비칠 조　　縱 세로 종　　坐 앉을 좌　　宙 집 주
洲 물가 주　　柱 기둥 주　　卽 곧 즉　　　症 증세 증
曾 일찍 증　　蒸 찔 증　　　憎 미울 증　　之 갈 지
池 못 지　　　辰 별 진, 때 신　振 떨칠 진　　陳 베풀 진, 묵을 진
鎭 진압할 진　疾 병 질　　　秩 차례 질　　執 잡을 집
徵 부를 징　　此 이 차　　　贊 도울 찬　　昌 창성할 창
倉 곳집 창　　蒼 푸를 창　　菜 나물 채　　彩 채색 채
策 꾀 책　　　妻 아내 처　　尺 자 척　　　拓 넓힐 척, 박을 탁
戚 친척 척　　淺 얕을 천　　踐 밟을 천　　賤 천할 천
哲 밝을 철　　徹 통할 철　　肖 닮을, 같을 초　超 뛰어넘을 초
礎 주춧돌 초　促 재촉할 촉　觸 닿을 촉　　催 재촉할 최
追 좇을, 따를 추　側 곁 측　　値 값 치　　　恥 부끄러울 치
稚 어릴 치　　沈 잠길 침, 성 심　塔 탑 탑　　殆 거의 태
泰 클 태　　　澤 못 택　　　兎 토끼 토　　版 판목 판
片 조각 편　　肺 허파 폐　　弊 폐단, 해질 폐　浦 개 포
皮 가죽 피　　彼 저 피　　　被 입을 피　　畢 마칠 필
何 어찌 하　　賀 하례할 하　鶴 학 학　　　割 벨 할
含 머금을 함　陷 빠질 함　　恒 항상 항　　項 항목 항
響 울릴 향　　獻 드릴 헌　　玄 검을 현　　懸 달 현
脅 위협할 협　慧 슬기로울 혜　虎 범 호　　　胡 되 호
浩 넓을 호　　豪 호걸 호　　惑 미혹할 혹　魂 넋 혼
忽 갑자기 홀　洪 넓을 홍　　禍 재앙 화　　換 바꿀 환
還 돌아올 환　皇 임금 황　　悔 뉘우칠 회　懷 품을 회
劃 그을 획　　獲 얻을 획　　橫 가로 횡　　稀 드물 희
戲 놀이 희

架 시렁 가
鋼 강철 강
憩 쉴 게
庚 별 경
硬 굳을 경
顧 돌아볼 고
郭 둘레, 외성 곽
郊 들 교
狗 개 구
鷗 갈매기 구
閨 안방 규
謹 삼갈 근
飢 주릴 기
欺 속일 기
濃 짙을 농
畓 논 답
倒 넘어질 도
稻 벼 도
凍 얼 동
爛 빛날 란
梁 들보, 돌다리 량
劣 못할 렬
鹿 사슴 록
累 여러, 자주 루
梨 배 리
晩 늦을 만
忙 바쁠 망
埋 묻을 매
冥 어두울 명
暮 저물 모

却 물리칠 각
皆 다 개
肩 어깨 견
徑 길, 지름길 경
癸 북방, 천간 계
坤 따(땅) 곤
掛 걸 괘
矯 바로잡을 교
俱 함께 구
龜 거북 구, 터질 균
菌 버섯 균
肯 즐길 긍
旣 이미 기
騎 말탈 기
惱 번뇌할 뇌
糖 엿 당, 사탕 탕
桃 복숭아 도
篤 도타울 독
桐 오동나무 동
藍 쪽 람
諒 믿을, 살펴알 량
裂 찢어질 렬
祿 녹 록
淚 눈물 루
隣 이웃 린
慢 거만할 만
忘 잊을 망
媒 중매 매
矛 창 모
沐 머리감을 목

姦 간음할 간
蓋 덮을 개
遣 보낼 견
竟 마침내 경
桂 계수나무 계
戈 창 과
塊 흙덩이 괴
丘 언덕 구
懼 두려워할 구
厥 그 궐
斤 근[무게], 날 근
忌 꺼릴 기
棄 버릴 기
那 어찌 나
泥 진흙 니
貸 꾈, 빌릴 대
渡 건널 도
豚 돼지 돈
鈍 둔할 둔
濫 넘칠 람
蓮 연꽃 련
廉 청렴할 렴
雷 우레 뢰
屢 여러 루
麻 삼 마
漫 흩어질 만
罔 없을 망
麥 보리 맥
某 아무 모
卯 토끼 묘

渴 목마를 갈
慨 슬퍼할 개
絹 비단 견
卿 벼슬 경
枯 마를 고
瓜 외(오이) 과
愧 부끄러울 괴
苟 구차할, 진실로 구
驅 몰 구
叫 부르짖을 규
僅 겨우 근
豈 어찌 기
幾 몇 기
奈 어찌 내
潭 못 담
挑 돋울 도
跳 뛸 도
敦 도타울 돈
洛 물이름 락
掠 노략질할 략
憐 불쌍히여길 련
零 떨어질, 영 령
了 마칠 료
漏 샐 루
磨 갈 마
蠻 오랑캐 만
茫 아득할 망
免 면할 면
募 모을, 뽑을 모
苗 모 묘

廟 사당 묘　　戊 천간 무　　霧 안개 무　　墨 먹 묵
尾 꼬리 미　　眉 눈썹 미　　迷 미혹할 미　　敏 민첩할 민
憫 민망할 민　　蜜 꿀 밀　　泊 머무를, 배댈 박　　返 돌이킬 반
叛 배반할 반　　盤 소반 반　　拔 뽑을 발　　芳 꽃다울 방
邦 나라 방　　倣 본뜰 방　　傍 곁 방　　杯 잔 배
栢 측백 백　　煩 번거로울 번　　飜 번역할 번　　汎 넓을 범
辨 분별할 변　　屏 병풍 병　　竝 나란히 병　　譜 족보 보
卜 점 복　　蜂 벌 봉　　鳳 새 봉　　赴 갈 부
腐 썩을 부　　膚 살갗 부　　賦 부세 부　　墳 무덤 분
弗 아닐, 말 불　　拂 떨칠 불　　朋 벗 붕　　崩 무너질 붕
賓 손 빈　　頻 자주 빈　　聘 부를 빙　　巳 뱀 사
似 닮을 사　　捨 버릴 사　　蛇 긴뱀 사　　斜 비낄 사
詐 속일 사　　斯 이 사　　賜 줄 사　　削 깎을 삭
朔 초하루 삭　　酸 실 산　　桑 뽕나무 상　　祥 상서 상
嘗 맛볼 상　　償 갚을 상　　塞 막힐 색, 변방 새　　庶 여러 서
敍 펼 서　　暑 더울 서　　昔 예 석　　析 쪼갤 석
禪 선 선　　涉 건널 섭　　召 부를 소　　昭 밝을 소
蔬 나물 소　　燒 사를 소　　騷 떠들 소　　粟 조 속
訟 송사할 송　　誦 욀 송　　鎖 쇠사슬 쇄　　囚 가둘 수
須 모름지기 수　　遂 드디어 수　　睡 졸음 수　　誰 누구 수
雖 비록 수　　孰 누구 숙　　盾 방패 순　　殉 따라죽을 순
脣 입술 순　　循 돌 순　　戌 개 술　　濕 젖을 습
升 되 승　　矢 화살 시　　辛 매울 신　　伸 펼 신
晨 새벽 신　　尋 찾을 심　　牙 어금니 아　　芽 싹 아
餓 주릴 아　　岳 큰산 악　　雁 기러기 안　　謁 뵐 알
殃 재앙 앙　　涯 물가 애　　厄 액 액　　也 이끼, 어조사 야
耶 어조사 야　　楊 버들 양　　於 어조사 어, 탄식할 오　　焉 어찌 언
予 나 여　　汝 너 여　　余 나 여　　輿 수레 여
疫 전염병 역　　硯 벼루 연　　燕 제비 연　　炎 불꽃 염
鹽 소금 염　　泳 헤엄칠 영　　詠 읊을 영　　銳 날카로울 예
汚 더러울 오　　吾 나 오　　娛 즐길 오　　梧 오동 오
嗚 슬플 오　　傲 거만할 오　　翁 늙은이 옹　　瓦 기와 와
臥 누울 와　　緩 느릴 완　　曰 가로 왈　　畏 두려워할 외

搖 흔들 요　　　遙 멀 요　　　腰 허리 요　　　庸 떳떳할 용
又 또 우　　　于 어조사 우　　　尤 더욱 우　　　羽 깃 우
云 이를 운　　　胃 밥통 위　　　違 어긋날 위　　　僞 거짓 위
緯 씨 위　　　酉 닭 유　　　唯 오직 유　　　惟 생각할 유
愈 나을 유　　　閏 윤달 윤　　　吟 읊을 음　　　淫 음란할 음
泣 울 읍　　　矣 어조사 의　　　宜 마땅 의　　　而 말이을 이
夷 오랑캐 이　　　貳 두, 갖은 두 이　　　刃 칼날 인　　　姻 혼인 인
寅 범, 동방 인　　　壹 한, 갖은 한 일　　　賃 품삯 임　　　刺 찌를 자, 찌를 척
玆 이 자　　　恣 방자할, 마음대로 자　　　紫 자줏빛 자　　　雌 암컷 자
酌 술부을, 잔질할 작　　　爵 벼슬 작　　　蠶 누에 잠　　　墻 담 장
哉 어조사 재　　　滴 물방울 적　　　蝶 나비 접　　　訂 바로잡을 정
堤 둑 제　　　弔 조상할 조　　　租 조세 조　　　燥 마를 조
拙 졸할 졸　　　佐 도울 좌　　　舟 배 주　　　株 그루 주
俊 준걸 준　　　遵 좇을 준　　　仲 버금 중　　　贈 줄 증
只 다만 지　　　枝 가지 지　　　遲 더딜, 늦을 지　　　姪 조카 질
懲 징계할 징　　　且 또 차　　　借 빌 차, 빌릴 차　　　捉 잡을 착
錯 어긋날 착　　　慘 참혹할 참　　　慙 부끄러울 참　　　滄 큰바다 창
暢 화창할 창　　　債 빚 채　　　悽 슬퍼할 처　　　斥 물리칠 척
遷 옮길 천　　　薦 천거할 천　　　尖 뾰족할 첨　　　添 더할 첨
妾 첩 첩　　　晴 갤 청　　　替 바꿀 체　　　抄 뽑을 초
燭 촛불 촉　　　聰 귀밝을 총　　　抽 뽑을 추　　　醜 추할 추
丑 소 축　　　畜 짐승 축　　　逐 쫓을 축　　　臭 냄새 취
漆 옷 칠　　　枕 베개 침　　　浸 잠길 침　　　妥 온당할 타
墮 떨어질 타　　　托 맡길 탁　　　琢 다듬을 탁　　　濁 흐릴 탁
濯 씻을 탁　　　奪 빼앗을 탈　　　貪 탐낼 탐　　　湯 끓을 탕
怠 게으를 태　　　吐 토할 토　　　透 사무칠 투　　　頗 자못 파
罷 마칠 파　　　播 뿌릴 파　　　販 팔 판　　　貝 조개 패
遍 두루 편　　　編 엮을 편　　　廢 폐할, 버릴 폐　　　蔽 덮을 폐
幣 화폐 폐　　　抱 안을 포　　　捕 잡을 포　　　飽 배부를 포
幅 폭 폭　　　漂 떠다닐 표　　　匹 짝 필　　　荷 멜 하
汗 땀 한　　　旱 가물 한　　　咸 다 함　　　巷 거리 항
亥 돼지 해　　　奚 어찌 해　　　該 갖출, 마땅 해　　　享 누릴 향
軒 집 헌　　　弦 시위 현　　　絃 줄 현　　　縣 고을 현

穴 굴 혈　　　亨 형통할 형　　　螢 반딧불 형　　　兮 어조사 혜
互 서로 호　　　乎 어조사 호　　　毫 터럭 호　　　昏 어두울 혼
弘 넓을 홍　　　鴻 기러기 홍　　　禾 벼 화　　　擴 넓힐 확
穫 거둘 확　　　丸 둥글 환　　　荒 거칠 황　　　曉 새벽 효
侯 제후 후　　　喉 목구멍 후　　　毀 헐 훼　　　輝 빛날 휘
携 이끌 휴　　　胸 가슴 흉　　　熙 빛날 희　　　噫 한숨쉴 희

2급

葛 칡 갈　　　憾 섭섭할 감　　　坑 구덩이 갱　　　乞 빌 걸
揭 걸, 높이들 게　　隔 사이뜰 격　　牽 끌, 이끌 견　　繫 맬 계
雇 품팔 고　　　菓 과자 과, 실과 과　　款 항목 관　　狂 미칠 광
傀 허수아비 괴　　絞 목맬 교　　僑 더부살이 교　　膠 아교 교
歐 칠, 구라파 구　購 살 구　　掘 팔 굴　　　窟 굴 굴
圈 우리 권　　闕 대궐 궐　　軌 바퀴자국 궤　糾 얽힐 규
棋 바둑 기　　尿 오줌 뇨　　尼 여승 니　　溺 빠질 닉
鍛 쇠불릴 단　　膽 쓸개 담　　垈 집터 대　　戴 일 대
悼 슬퍼할 도　　塗 칠할 도　　棟 마룻대 동　屯 진칠 둔
謄 베낄 등　　騰 오를 등　　藤 등나무 등　裸 벗을 라
拉 끌 랍　　　輛 수레 량　　煉 달굴 련　　獵 사냥 렵
籠 대바구니 롱　僚 동료 료　　療 병고칠 료　硫 유황 류
謬 그르칠 류　　摩 문지를 마　魔 마귀 마　　痲 저릴 마
膜 막, 꺼풀 막　灣 물굽이 만　娩 낳을 만　　網 그물 망
魅 매혹할 매　　枚 낱 매　　蔑 업신여길 멸　侮 업신여길 모
帽 모자 모　　紊 문란할, 어지러울 문　舶 배 박　　伴 짝 반
搬 운반할 반　　紡 길쌈 방　　俳 배우 배　　賠 물어줄 배
閥 문벌 벌　　僻 궁벽할 벽　併 아우를 병　覆 덮을 부, 다시 복
俸 녹 봉　　　縫 꿰맬 봉　　敷 펼 부　　匪 비적 비
唆 부추길 사　赦 용서할 사　飼 기를 사　　傘 우산 산
蔘 삼 삼　　　揷 꽂을 삽　　箱 상자 상　　瑞 상서 서
誓 맹서할 서　　碩 클 석　　繕 기울 선　　纖 가늘 섬
攝 잡을, 다스릴 섭　貰 세놓을 세　紹 이을 소　　垂 드리울 수

搜 찾을 수
紳 띠 신
礙 거리낄 애
閱 볼 열
擁 낄 옹
傭 품팔 용
融 녹을 융
諮 물을 자
竊 훔칠 절
劑 약제 제
綜 모을 종
鑄 쇠불릴 주
津 나루 진
窒 막힐 질
札 편지 찰
隻 외짝 척
遞 갈릴 체
哨 망볼 초
蹴 찰 축
誕 낳을, 거짓 탄
覇 으뜸 패
怖 두려워할 포
艦 큰배 함
衡 저울대 형
幻 헛보일 환
姬 계집 희

屍 주검 시
握 쥘 악
惹 이끌 야
厭 싫어할 염
歪 기울 왜(외)
鬱 답답할 울
凝 엉길 응
宰 재상 재
呈 드릴 정
措 둘 조
奏 아뢸 주
准 비준 준
診 진찰할 진
輯 모을 집
刹 절 찰
撤 거둘 철
滯 막힐 체
焦 탈 초
衷 속마음 충
胎 아이밸 태
偏 치우칠 편
鋪 펼, 가게 포
嫌 싫어할 혐
濠 호주 호
滑 미끄러울 활

殖 불릴 식
癌 암 암
躍 뛸 약
預 맡길 예, 미리 예
妖 요사할 요
苑 나라동산 원
姙 아이밸 임
沮 막을 저
偵 염탐할 정
釣 낚을, 낚시 조
珠 구슬 주
旨 뜻 지
塵 티끌 진
遮 가릴 차
斬 벨 참
諜 염탐할 첩
締 맺을 체
趨 달아날 추
炊 불땔 취
颱 태풍 태
坪 들 평
虐 모질 학
峽 골짜기 협
酷 심할 혹
廻 돌 회

腎 콩팥 신
押 누를 압
孃 아가씨 양
穩 편안할 온
熔 녹을 용
尉 벼슬 위
磁 자석 자
殿 전각 전
艇 큰배 정
彫 새길 조
駐 머무를 주
脂 기름 지
震 우레 진
餐 밥 찬
彰 드러날 창
逮 잡을 체
秒 분초 초
軸 굴대 축
託 부탁할 탁
把 잡을 파
抛 던질 포
翰 편지 한
型 모형 형
靴 신 화
勳 공 훈

1급

悛 고칠 전
喫 마실 끽
澹 담박할 담

痙 심줄 땅길 경
儺 역귀 쫓을 나
紬 명주 주

乖 어그러질 괴
膿 고름 농
牡 수컷 모

靡 쓰러질 미
稜 모 릉
蠟 밀 랍

戾 어그러질 려	胚 아이 밸 배	礬 명반 반	堊 백토 악
唄 찬불 패	站 우두커니 설 참	緘 봉할 함	斂 거둘 렴
逞 굳셀 령	鳶 솔개 연	嗾 부추길 주	慝 사특할 특
滌 씻을 척	匣 갑 갑	髓 골수 수	撰 지을 찬
賄 뇌물 회	藿 콩잎 곽	諛 아첨할 유	諂 아첨할 첨
辣 매울 랄	隘 좁을 애	慟 서럽게 울 통	鄙 다라울 비
曳 끌 예	狄 오랑캐 적	繡 수 수	梯 사다리 제
堰 방죽 언	棗 대추나무 조	喙 부리 훼	粕 지게미 박
註 주낼 주	撑 버팀목 탱	摯 잡을 지	贅 혹 췌
疋 필 필	咳 어린아이 웃을 해	窄 좁을 착	弧 활 호
焰 불 댕길 염	卉 풀 훼	疸 황달 달	喧 의젓할 훤
兇 흉악할 흉	衢 네거리 구	誅 벨 주	寐 잠잘 매
嘉 아름다울 가	袈 가사 가	稼 심을 가	呵 꾸짖을 가
鞭 채찍 편	苛 매울 가	殼 껍질 각	恪 삼갈 각
醒 깰 성	澗 계곡의 시내 간	隙 틈 극	奸 범할 간
潟 개펄 석	諫 간할 간	艱 어려울 간	做 지을 주
癇 긴질 간	揀 가릴 간	竭 다할 갈	褐 털옷 갈
橘 귤나무 귤	堪 견딜 감	蔗 사탕수수 자	勘 헤아릴 감
疳 감질 감	紺 감색 감	呑 삼킬 탄	閘 물문 갑
胄 투구 주	慷 강개할 강	糠 겨 강	毅 굳셀 의
凱 즐길 개	墾 따비할 간	闢 열 벽	箇 낱 개
痰 가래 담	醵 추렴할 거	截 끊을 절	倨 거만할 거
擲 던질 척	腱 힘줄 밑동 건	蝦 새우 하	紂 껑거리끈 주
劫 위협할 겁	偈 쉴 게	檄 격문 격	忿 성낼 분
昂 오를 앙	阻 험할 조	癢 가려울 양	蚊 모기 문
臂 팔 비	繭 고치 견	猿 원숭이 원	譴 꾸짖을 견
訣 이별할 결	乏 가난할 핍	遜 겸손할 손	梗 대개 경
虔 정성 건	悸 두근거릴 계	脛 정강이 경	勁 굳셀 경
綸 낚싯줄 륜	畝 이랑 무	愕 놀랄 악	耘 김맬 운
迭 갈마들 질	頸 목 경	蟄 숨을 칩	慄 두려워할 률
呱 울 고	股 넓적다리 고	肱 팔뚝 굉	叩 두드릴 고
粱 기장 량	眄 애꾸눈 면	拷 칠 고	膏 살찔 고
袴 바지 고	痼 고질 고	塚 무덤 총	喊 소리 함

袞 곤룡포 곤	棍 몽둥이 곤	棒 몽둥이 봉	憊 고달플 비
昆 형 곤	汨 빠질 골	喝 꾸짖을 갈	鞏 묶을 공
瓶 병 병	拱 두 손 맞잡을 공	顆 낟알 과	剩 남을 잉
汁 즙 즙	衒 팔 현	漑 물 댈 개	顴 광대뼈 권
槨 덧널 곽	灌 물 댈 관	衙 마을 아	刮 깎을 괄
括 묶을 괄	曠 밝을 광	匡 바를 광	壙 광 광
闊 트일 활	罫 줄 괘	魁 으뜸 괴	儡 영락할 뢰
愎 괴팍할 퍅	轟 울릴 굉	宏 클 굉	皎 달빛 교
堡 작은 성 보	攪 어지러울 교	蛟 교룡 교	驕 교만할 교
喬 높을 교	拌 버릴 반	咬 새소리 교	轎 가마 교
諭 깨우칠 유	叉 깍지 낄 차	狡 교활할 교	猾 교활할 활
誨 가르칠 회	謳 노래할 구	渠 도랑 거	舅 시아비 구
仇 원수 구	駒 망아지 구	枸 호깨나무 구	貂 담비 초
鳩 비둘기 구	矩 곱자 구	嘔 노래할 구	蚓 지렁이 인
臼 절구 구	鉤 갈고랑이 구	毆 때릴 구	恤 구휼할 휼
躬 몸 궁	窘 막힐 군	穹 하늘 궁	眷 돌아볼 권
倦 게으를 권	蹶 넘어질 궐	詭 속일 궤	几 안석 궤
机 책상 궤	斧 도끼 부	逵 한길 규	硅 규소 규
窺 엿볼 규	葵 해바라기 규	霑 젖을 점	覲 뵐 근
錮 땜질할 고	簪 비녀 잠	擒 사로잡을 금	樽 술통 준
衾 이불 금	汲 길을 급	亘 걸칠 긍	矜 불쌍히 여길 긍
嶇 험할 구	崎 험할 기	饉 흉년 들 근	綺 비단 기
禱 빌 도	伎 재주 기	倆 재주 량	譏 나무랄 기
瞞 속일 만	皿 그릇 명	羈 굴레 기	絆 줄 반
肌 살 기	妓 기생 기	杞 나무 이름 기	幟 기 치
憚 꺼릴 탄	稟 줄 품	畸 뙈기밭 기	嗜 즐길 기
諱 꺼릴 휘	拮 일할 길	螺 소라 라	懦 나약할 나
懶 게으를 라	拿 붙잡을 나	癩 약물 중독 라	酪 진한 유즙 락
榜 매 방	烙 지질 락	駱 낙타 락	駝 낙타 타
煖 따뜻할 난	鸞 난새 란	捺 누를 날	捏 이길 날
觴 잔 상	衲 기울 납	臘 납향 랍	狼 이리 랑
訌 무너질 홍	麵 밀가루 면	擄 사로잡을 노	駑 둔할 노
僕 종 복	隸 붙을 례	婆 할미 파	弩 쇠뇌 노

碌 돌 모양 록	茸 무성할 용	壟 언덕 롱	聾 귀머거리 롱
磊 돌무더기 뢰	賂 뇌물 줄 뢰	牢 우리 뢰	溢 넘칠 일
瘍 종기 양	洩 샐 설	陋 좁을 루	訥 말 더듬을 눌
肋 갈비 륵	凜 찰 름	駕 멍에 가	凌 능가할 릉
綾 비단 릉	菱 마름 릉	蛋 새알 단	簞 대광주리 단
崖 벼랑 애	冶 불릴 야	遝 뒤섞일 답	撞 칠 당
螳 사마귀 당	棠 팥배나무 당	錠 제기 이름 정	慌 어렴풋할 황
碁 돌 기	擡 들 대	捷 이길 첩	腿 넓적다리 퇴
蛤 대합조개 합	鍍 도금할 도	滔 물 넘칠 도	戮 죽일 륙
賭 걸 도	癖 적취 벽	屠 잡을 도	嶼 섬 서
窯 기와 굽는 가마 요	瓷 오지그릇 자	搗 찧을 도	淘 일 도
禿 대머리 독	憬 깨달을 경	憧 그리워할 동	瞳 눈동자 동
胴 큰창자 동	疼 아플 동	兜 투구 두	鵑 두견이 견
瘡 부스럼 창	臀 볼기 둔	攀 더위잡을 반	橙 등자나무 등
盞 잔 잔	廐 마구간 구	薯 참마 서	耗 줄 모
蹄 굽 제	疹 홍역 진	輓 끌 만	饅 만두 만
挽 당길 만	鰻 뱀장어 만	蔓 덩굴 만	彎 굽을 만
卍 만자 만	霞 놀 하	抹 바를 말	梢 나무 끝 초
巾 수건 건	芒 까끄라기 망	罵 욕할 매	煤 그을음 매
邁 갈 매	萌 싹 맹	棉 목화 면	瞭 밝을 료
閹 닫힌 문 암	匠 장인 장	酩 술 취할 명	螟 마디충 명
銜 재갈 함	溟 어두울 명	袂 소매 메	瀆 도랑 독
摸 찾을 모	擬 헤아릴 의	氈 모전 전	冒 무릅쓸 모
模 법 모	糊 풀 호	睹 볼 도	寨 울짱 채
鐸 방울 탁	猫 고양이 묘	齡 나이 령	渺 아득할 묘
描 그릴 묘	杳 어두울 묘	覡 박수 격	巫 무당 무
辜 허물 고	誣 무고할 무	垢 때 구	蹈 밟을 도
聊 귀 울 료	撫 어루만질 무	毋 말 무	恙 근심 양
踊 뛸 용	拇 엄지손가락 무	牌 패 패	勒 굴레 륵
菩 보리 보	譚 이야기 담	柑 감자나무 감	剝 벗길 박
斑 얼룩 반	蟠 서릴 반	駁 얼룩말 박	撥 다스릴 발
畔 두둑 반	芻 꼴 추	頒 나눌 반	哺 먹을 포
剌 어그러질 랄	潑 뿌릴 발	跋 밟을 발	萃 모일 췌

擢 뽑을 탁	醱 술 괼 발	酵 술밑 효	勃 우쩍 일어날 발
胱 오줌통 광	髈 쌍배 방	尨 삽살개 방	坊 동네 방
彿 비슷할 불	禦 막을 어	枋 다목 방	幇 도울 방
昉 마침 방	蕩 쓸어버릴 탕	彷 거닐 방	徨 노닐 황
囊 주머니 낭	陪 쌓아올릴 배	泄 샐 설	溝 봇도랑 구
馳 달릴 치	徘 노닐 배	徊 노닐 회	悶 번민할 민
蕃 우거질 번	藩 덮을 번	氾 넘칠 범	帆 돛 범
梵 범어 범	泛 뜰 범	劈 쪼갤 벽	擘 엄지손가락 벽
瞥 언뜻 볼 별	廠 헛간 창	壘 진 루	洑 보 보
酬 갚을 수	塡 메울 전	綴 꿰맬 철	薩 보살 살
腔 속 빌 강	輻 바퀴살 복	祉 복 지	套 덮개 투
烽 봉화 봉	凰 봉황새 황	訃 부고 부	剖 쪼갤 부
埠 선창 부	駙 곁마 부	俯 구푸릴 부	芙 부용 부
蓉 연꽃 용	賻 부의 부	萍 부평초 평	孵 알 깔 부
糞 똥 분	噴 뿜을 분	咐 분부할 부	吩 뿜을 분
焚 불사를 분	雰 안개 분	扮 꾸밀 분	盆 동이 분
拭 닦을 식	撓 어지러울 요	朽 썩을 후	繃 묶을 붕
硼 붕산 붕	怯 겁낼 겁	緞 비단 단	緋 붉은빛 비
沸 끓을 비	膊 포 박	謗 헐뜯을 방	誹 헐뜯을 비
裨 도울 비	砒 비상 비	翔 빙빙 돌아 날 상	匕 비수 비
脾 지라 비	譬 비유할 비	喩 깨우칠 유	庇 덮을 비
愴 슬퍼할 창	翡 물총새 비	翠 물총새 취	琵 비파 비
琶 비파 파	驩 기뻐할 환	嬪 아내 빈	瀕 물가 빈
嚬 찡그릴 빈	殯 염할 빈	憑 기댈 빙	祠 사당 사
礫 조약돌 력	笠 우리 립	紗 깁 사	些 적을 사
隅 모퉁이 우	蓑 도롱이 사	嗣 이을 사	獅 사자 사
吼 울 후	肢 사지 지	奢 사치할 사	侈 사치할 치
娑 춤출 사	麝 사향노루 사	晦 그믐 회	刪 깎을 산
麓 산기슭 록	汰 사치할 태	炙 고기 구울 자	疝 산증 산
珊 산호 산	瑚 산호 호	礁 물에 잠긴 바위 초	撒 뿌릴 살
昧 새벽 매	滲 스밀 삼	澣 빨 한	澁 떫을 삽
剋 이길 극	痍 상처 이	爽 시원할 상	薑 생강 강
甥 생질 생	犀 무소 서	逝 갈 서	黍 기장 서

曙 새벽 서	櫃 함 궤	胥 서로 서	棚 시렁 붕
棲 살 서	鼠 쥐 서	抒 풀 서	捲 말 권
奠 제사 지낼 전	煽 부칠 선	羨 부러워할 선	膳 반찬 선
鋒 칼끝 봉	檣 돛대 장	艙 선창 창	銑 끌 선
扉 사립문 선	瀉 쏟을 사	屑 가루 설	莖 줄기 경
閃 번쩍할 섬	殲 다 죽일 섬	饌 반찬 찬	遡 거슬러 올라갈 소
疏 트일 소	梳 빗 소	塑 토우 소	甦 긁어모을 소
蕭 맑은대쑥 소	痺 암메추라기 비	擾 어지러울 요	搔 긁을 소
逍 거닐 소	栓 나무못 전	瘙 종기 소	粒 알 립
贖 속바칠 속	悚 두려워할 송	灑 뿌릴 쇄	碎 부술 쇄
簾 발 렴	狩 사냥 수	戍 지킬 수	竪 더벅머리 수
捧 받들 봉	穗 이삭 수	腕 팔 완	顫 떨릴 전
葺 기울 즙	鍼 침 침	蒐 꼭두서니 수	瘦 파리할 수
瘠 파리할 척	帖 표제 첩	泡 거품 포	疱 천연두 포
菽 콩 숙	夙 일찍 숙	邏 순행할 라	樸 통나무 박
醇 진한 술 순	粹 순수할 수	馴 길들 순	膝 무릎 슬
侶 짝 려	丞 도울 승	遐 멀 하	猜 샘할 시
豺 승냥이 시	扉 문짝 비	媤 시집 시	匙 숟가락 시
弑 죽일 시	諡 시호 시	餌 먹이 이	醋 초 초
醯 초 혜	宸 집 신	燼 깜부기불 신	訊 물을 신
迅 빠를 신	呻 끙끙거릴 신	薪 섶나무 신	蜃 무명조개 신
踪 자취 종	裡 속 리	璧 둥근 옥 벽	俄 갑자기 아
陀 비탈질 타	啞 벙어리 아	顎 얼굴 높을 악	晏 늦을 안
堵 담 도	按 누를 안	鞍 안장 안	軋 삐걱거릴 알
斡 관리할 알	暝 어두울 명	庵 암자 암	釘 못 정
怏 원망할 앙	嬌 아리따울 교	曖 가릴 애	縊 목맬 액
腋 겨드랑이 액	扼 누를 액	哥 노래 가	櫻 앵두나무 앵
鶯 꾀꼬리 앵	揶 희롱지거리 할 야	揄 끌 유	葯 구리때 잎 약
圃 밭 포	襪 버선 말	釀 빚을 양	攘 물리칠 양
輦 손수레 련	撈 잡을 로	廛 가게 전	鱉 금계 별
瘀 병 어	彙 무리 휘	臆 가슴 억	諺 상말 언
奄 가릴 엄	儼 의젓할 엄	濾 거를 려	黎 검을 려
閭 이문 려	鱗 비늘 린	煞 죽일 살	瀝 거를 력

椽 서까래 연
涅 개흙 열
柩 널 구
嬰 갓난아이 영
穢 더러울 예
奧 속 오
蘊 쌓을 온
渦 소용돌이 와
婉 순할 완
矮 키 작을 왜
邀 맞을 요
鈴 방울 령
凹 오목할 요
湧 샘솟을 용
筒 대롱 통
殞 죽을 운
鴛 원앙 원
袋 자루 대
拐 속일 괴
躪 짓밟을 린
柚 유자나무 유
壑 골 학
戎 되 융
蔭 그늘 음
捐 버릴 연
徙 옮길 사
悝 근심 리
靭 길 인
吝 아낄 린
娠 애 밸 신
錐 송곳 추
煮 삶을 자
綽 너그러울 작

繹 풀어낼 역
槃 쟁반 반
瓏 옥 소리 롱
圄 옥 령
寤 깰 오
懊 한할 오
婿 사위 서
訛 그릇될 와
阮 관 이름 완
廓 둘레 곽
掉 흔들 도
艶 고울 염
凸 볼록할 철
搏 잡을 박
函 함 함
隕 떨어질 운
冤 원통할 원
藉 깔개 자
鍮 놋쇠 유
蹂 밟을 유
溜 방울져 떨어질 류
脯 포 포
匿 숨을 닉
揖 읍 읍
椅 의나무 의
秧 모 앙
痢 설사 리
俺 나 엄
嗇 아낄 색
淋 물 뿌릴 림
孕 아이 밸 잉
炸 터질 작
灼 사를 작

雀 참새 작
魃 가물귀신 발
悧 영리할 리
圉 옥 어
鵲 까치 작
璽 도장 새
壅 막을 옹
頑 완고할 완
枉 굽을 왕
猥 함부로 외
籃 바구니 람
夭 어릴 요
僥 바랄 요
虞 헤아릴 우
寓 머무를 우
讐 원수 수
蝕 좀먹을 식
囑 부탁할 촉
紐 끈 뉴
蜚 바퀴 비
宥 용서할 유
淪 물놀이 륜
遁 달아날 둔
膺 가슴 응
仗 무기 장
爾 너 이
姨 이모 이
琓 옥 이름 완
咽 목구멍 인
腺 샘 선
戟 창 극
勺 구기 작
棧 잔도 잔

撚 비틀 년
殮 염할 렴
袖 소매 수
幀 그림 족자 정
腑 장부 부
缸 항아리 항
蝸 달팽이 와
宛 굽을 완
寇 도둑 구
巍 높을 외
燎 화톳불 료
窈 그윽할 요
聳 솟을 용
嵎 산모롱이 우
迂 멀 우
鴦 원앙 앙
潰 무너질 궤
萎 마를 위
琉 유리 류
游 헤엄칠 유
愉 즐거울 유
絨 융 융
箔 발 박
訝 맞을 아
俠 호협할 협
籬 울타리 리
翌 다음날 익
燐 도깨비불 린
佚 편안할 일
棺 널 관
仔 자세할 자
芍 함박꽃 작
滓 찌끼 재

箴 바늘 잠	杖 지팡이 장	薇 고비 미	薔 장미 장
漿 미음 장	醬 젓갈 장	獐 노루 장	齋 재계할 재
錚 쇳소리 쟁	狙 원숭이 저	咀 씹을 저	猪 돼지 저
嚼 씹을 작	詛 저주할 저	呪 빌 주	牴 닥뜨릴 저
邸 집 저	愾 성낼 개	謫 귀양 갈 적	寞 쓸쓸할 막
嫡 정실 적	寥 쓸쓸할 요	癲 미칠 전	纏 얽힐 전
巓 꼭대기 전	歿 죽을 몰	餞 전별할 전	煎 달일 전
鰒 전복 복	澱 앙금 전	篆 전자 전	輾 구를 전
剪 자를 전	帙 책갑 질	轍 바퀴 자국 철	沛 늪 패
陛 섬돌 폐	銓 저울질할 전	卦 걸 괘	粘 끈끈할 점
睛 눈동자 정	鵠 고니 곡	靖 편안할 정	謐 고요할 밀
碇 닻 정	町 밭두둑 정	挺 뺄 정	悍 사나울 한
槽 구유 조	啼 울 제	竿 장대 간	瞰 볼 감
糟 전국 조	曹 마을 조	躁 성급할 조	遭 만날 조
凋 시들 조	嘲 비웃을 조	眺 바라볼 조	稠 빽빽할 조
妣 죽은 어미 비	繰 야청 통견 조	詔 고할 조	詣 이를 예
粗 거칠 조	漕 배로 실어 나를 조	朕 나 짐	舵 키 타
肇 칠 조	爪 손톱 조	簇 조릿대 족	猝 갑자기 졸
腫 부스럼 종	瘤 혹 류	熄 꺼질 식	慫 권할 종
踵 발꿈치 종	挫 꺾을 좌	廚 부엌 주	宵 밤 소
筵 대자리 연	躇 머뭇거릴 저	躊 머뭇거릴 주	酊 술 취할 정
筍 죽순 순	槍 창 창	蠢 꿈틀거릴 준	渫 칠 설
櫛 빗 즐	湮 잠길 인	肪 기름 방	悉 다 실
枳 탱자나무 지	咫 길이 지	轄 비녀장 할	芥 겨자 개
羞 바칠 수	嗔 성낼 진	桎 차꼬 질	梏 쇠고랑 곡
膣 새살 돋을 질	叱 꾸짖을 질	嫉 시기할 질	妬 강샘할 투
斟 술 따를 짐	什 세간 집	拗 꺾을 요	澄 맑을 징
跌 넘어질 질	蹉 넘어질 차	嗟 탄식할 차	鑿 뚫을 착
搾 짤 착	簒 빼앗을 찬	擦 비빌 찰	憺 편안할 담
僭 참람할 참	讒 참소할 참	讖 참서 참	塹 구덩이 참
懺 뉘우칠 참	娼 몸 파는 여자 창	倡 여광대 창	漲 불을 창
菖 창포 창	蒲 부들 포	猖 미쳐 날뛸 창	羹 국 갱
凄 쓸쓸할 처	惘 멍할 망	箋 찌지 전	脊 등성마루 척

椎 몽치 추	穿 뚫을 천	擅 멋대로 천	喘 헐떡거릴 천
闡 열 천	痘 천연두 두	秤 저울 칭	柵 울짱 책
僉 다 첨	貼 붙을 첩	疊 겹쳐질 첩	曇 흐릴 담
孀 과부 상	牒 서판 첩	袍 핫옷 포	軀 몸 구
諦 살필 체	涕 눈물 체	樵 땔나무 초	稍 벼 줄기 끝 초
硝 초석 초	炒 볶을 초	憔 수척할 초	悴 파리할 췌
忖 헤아릴 촌	叢 모일 총	寵 괼 총	撮 취할 촬
敲 두드릴 고	槌 망치 퇴	樞 지도리 추	墜 떨어질 추
鰍 미꾸라지 추	酋 두목 추	籤 제비 첨	嫁 시집갈 가
膵 췌장 췌	扱 미칠 급	脆 무를 취	嘘 불 허
惻 슬퍼할 측	呆 어리석을 태	癡 어리석을 치	緻 뱉 치
嗤 웃을 치	熾 성할 치	痔 치질 치	勅 조서 칙
灸 뜸 구	砧 다듬잇돌 침	鎚 쇠망치 추	錘 저울 추
癒 병 나을 유	惰 게으를 타	撲 칠 박	唾 침 타
楕 길쭉할 타	坦 평평할 탄	劾 캐물을 핵	眈 노려볼 탐
搭 탈 탑	宕 방탕할 탕	跆 밟을 태	笞 볼기 칠 태
攄 펼 터	簫 퉁소 소	堆 언덕 퇴	褪 바랠 퇴
頹 무너질 퇴	濤 큰 물결 도	巴 땅 이름 파	瀾 물결 란
俚 속될 리	紋 무늬 문	蕉 파초 초	芭 파초 파
爬 긁을 파	綻 옷 터질 탄	跛 절뚝발이 파	辦 힘쓸 판
稗 피 패	悖 어그러질 패	佩 찰 패	澎 물결 부딪는 기세 팽
脹 배부를 창	膨 부풀 팽	撻 매질할 달	纂 모을 찬
騙 속일 편	貶 떨어뜨릴 폄	帛 비단 백	斃 넘어질 폐
黜 물리칠 출	墟 언덕 허	鯨 고래 경	萄 포도 도
虜 포로 노	沫 거품 말	縛 묶을 박	匐 길 복
匍 길 포	褒 기릴 포	庖 부엌 포	逋 달아날 포
咆 으르렁거릴 포	哮 으르렁거릴 효	曝 쬘 폭	輳 모일 주
瀑 폭포 폭	慓 날랠 표	豹 표범 표	剽 빠를 표
飄 회오리바람 표	厘 리	磬 경쇠 경	饒 넉넉할 요
諷 욀 풍	披 나눌 피	逼 닥칠 핍	緬 가는 실 면
疵 흠 자	瑕 티 하	寮 벼슬아치 료	瘧 학질 학
拏 붙잡을 나	檻 우리 함	鹹 짤 함	涵 젖을 함
穽 허방다리 정	肛 똥구멍 항	伍 대오 오	骸 뼈 해

駭 놀랄 해　　偕 함께 해　　濱 물가 빈　　楷 나무 이름 해
弛 늦출 이　　藻 말 조　　苔 이끼 태　　懈 게으를 해
謔 희롱거릴 학　　諧 화할 해　　邂 만날 해　　逅 만날 후
嚮 향할 향　　塾 글방 숙　　饗 잔치할 향　　盒 합 합
歇 쉴 헐　　眩 아찔할 현　　絢 무늬 현　　頰 빰 협
狹 좁을 협　　挾 낄 협　　棘 멧대추나무 극　　荊 모형나무 형
嫂 형수 수　　彗 비 혜　　媚 아첨할 미　　珀 호박 박
琥 호박 호　　狐 여우 호　　爺 아비 야　　沌 어두울 돈
魄 넋 백　　渾 흐릴 혼　　娶 장가들 취　　笏 홀 홀
哄 떠들썩할 홍　　柿 감나무 시　　虹 무지개 홍　　靄 아지랑이 애
秕 쭉정이 비　　箸 젓가락 저　　箭 화살 전　　餠 떡 병
喚 부를 환　　鰥 환어 환　　宦 벼슬 환　　憮 어루만질 무
惶 두려워할 황　　遑 허둥거릴 황　　蕪 거칠어질 무　　惚 황홀할 홀
恍 황홀할 황　　恢 넓을 회　　膾 회 회　　蛔 거위 회
繪 그림 회　　爻 효 효　　嚆 울릴 효　　悌 공경할 제
嗅 맡을 후　　裔 후손 예　　誼 옳을 의　　暈 무리 훈
麾 대장기 휘　　煌 빛날 황　　桶 통 통　　膈 흉격 격
襟 옷깃 금　　湃 물결 이는 모양 배　　洶 물살 세찰 흉　　迹 자취 적
痕 흉터 흔　　欣 기뻐할 흔　　欠 하품 흠　　歆 받을 흠
恰 마치 흡　　洽 윤택하게 할 흡　　牲 희생 생　　犧 희생 희
罕 그물 한　　詰 물을 힐

참고 자료

만기현. 『삼계탕–이열치열의 대명사, 음식에 담아낸 인문학』. 매경출판(주). 2015.

박영웅 외. 『K–POP으로 보는 대중문화 트렌드 2016』. 마리북스. 2015.

세계문자연구회. 『세계의 문자』. 범우사. 1996.

쓰지하라 야스오. 이윤혜 옮김. 『문화와 역사가 담긴 옷이야기』. 혜문서관. 2007.

안영훈 외. 『대한민국 대표한자』. 넥서스ACADEMY. 2006.

알랭 드 보통. 정영목 옮김. 「이국적인 것에 대하여」. 『여행의 기술』. 청미래. 2011.

유현준. 『가족애를 위한 아파트 평면 만들기, 도시는 무엇으로 사는가』. 을유문화사. 2015.

정성호. 『20대의 정체성』. 살림. 2006.

함인희. 「가족사회학 연구의 흐름과 쟁점」. 김혜경 외. 『가족과 친밀성의 사회학』. 다산출판사. 2016.

황진미. 「뜨거운 불의, 차가운 정의」. 『한겨레21』. 2017.7.12.

유발하라리. 〈21세기 스토리〉. SBS D포럼 강연. 2020.10.30.

〈베트남을 사로잡은 민간외교관 박항서〉. 『월간중앙』. 2018.11.17.

〈世界 人權 宣言〉.

〈우리가 몰랐던 '흑백의 샤갈'…관객 8만명 넘겼다〉. 『한겨레 신문』. 2018.7.31.

〈地球溫暖化〉. 『한국민족문화대백과사전』 사이트. 한국학중앙연구원.

피노키오. 〈사랑과 우정사이〉 노래 가사.

『고려대 한국어대사전』. 고려대학교 민족문화연구원. https://dic.daum.net/index.do?dic=kor

『표준국어대사전』. 국립국어원. https://stdict.korean.go.kr/main/main.do

하영삼. 『한자어원사전』. 도서출판3. 2018.

안영훈安永勳

문학박사. 한국한문학 전공. 현재 경희대학교 국어국문학과 교수.

구봉곤具蓬坤

문학박사. 한국한문학 전공. 현재 홍익대학교 교양교육원 초빙교수.
경희대학교 국어국문학과 강사.

임보연林甫姸

문학박사. 한국한문학 전공. 현재 대진대학교 창의미래인재대학 교수.

21세기 슬기로운 생활 한자

2021년 10월 30일 초판 1쇄 펴냄

지은이 안영훈·구봉곤·임보연
펴낸이 김흥국
펴낸곳 보고사

등록 1990년 12월 13일 제6-0429호
주소 경기도 파주시 회동길 337-15 보고사
전화 031-955-9797
팩스 02-922-6990
메일 kanapub3@naver.com / bogosabooks@naver.com
http://www.bogosabooks.co.kr

ISBN 979-11-6587-247-2 93720
ⓒ 안영훈·구봉곤·임보연, 2021

정가 13,000원